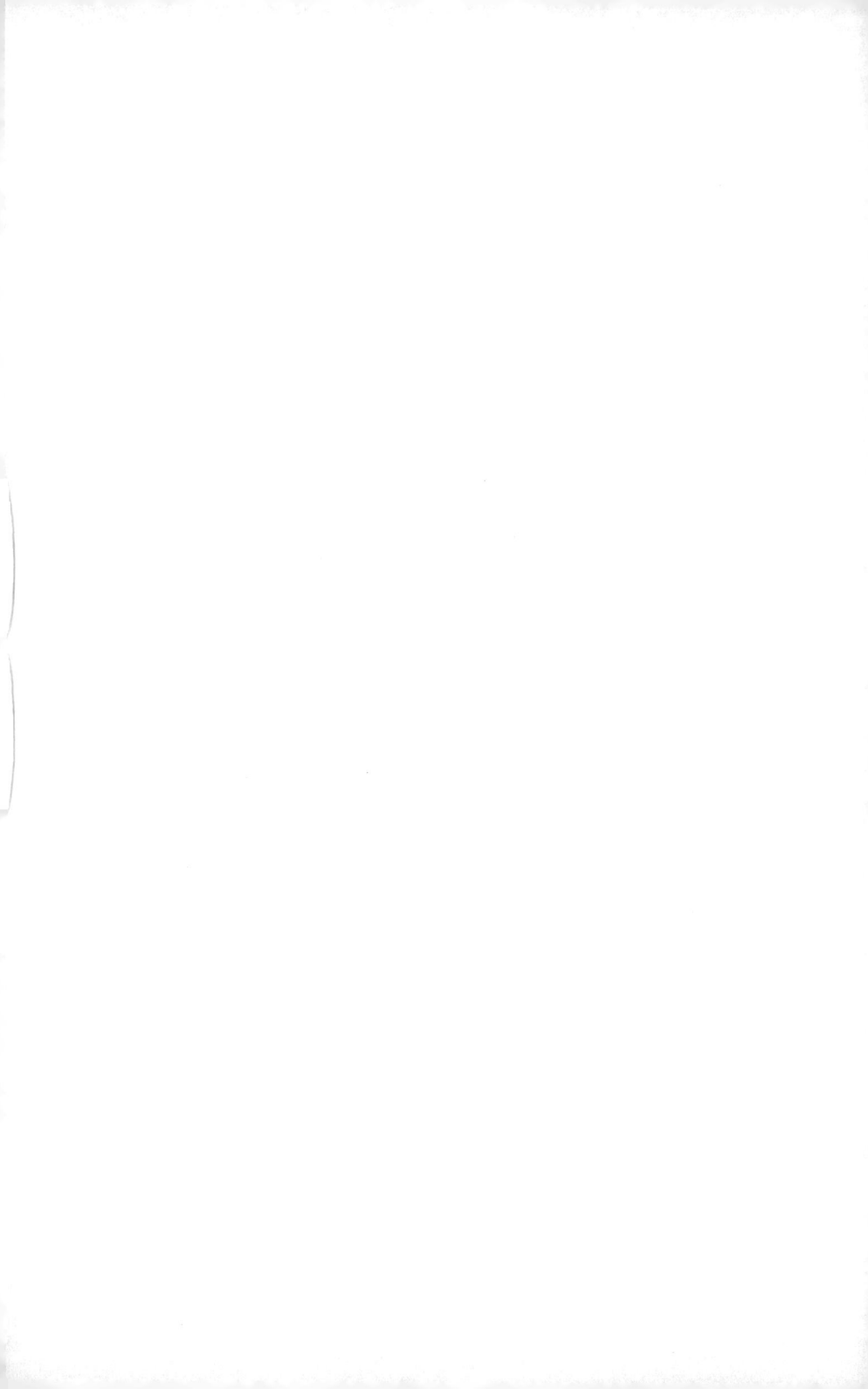

從北大到臺大：一位歷史學人的百年回顧

夏德儀　著

歷史叢書——002

從北大到臺大

一位歷史學人的百年回顧

作者	夏德儀
特約編輯	馬銘汝
社長暨總編輯	涂豐恩
封面設計	黃耀霆
內頁排版	菩薩蠻
出版	有理文化有限公司
發行	遠足文化事業股份有限公司（讀書共和國出版集團）
地址	新北市新店區民權路 108 之 4 號 8 樓
電話	02-2218-1417
客服專線	0800-221-029
法律顧問	華洋法律事務所 蘇文生律師
印刷	博客斯彩藝有限公司
地址	新北市中和區中板路 18 巷 3 弄 22 號 4 樓
電話	02-8245-6383
初版一刷	2025 年 9 月
定價	580 元
ISBN	978-626-92584-0-6

國家圖書館出版品預行編目資料

從北大到臺大 : 一位歷史學人的百年回顧 / 夏德儀著 . -- 初版 . -- 新北市 : 有理文化有限公司出版 : 遠足文化事業股份有限公司發行 , 2025.09

面；　公分 . -- (歷史叢書)

ISBN 978-626-92584-0-6 (平裝)

1.CST: 夏德儀 2.CST: 傳記 3.CST: 史學家

783.3886　　114012820

目次

附篇

序

一九九三年冬，忽有一日發生撰寫自傳或回憶錄之願，但須先行估量可作依據之資料。檢點後，知予之幼年時代與少年時代初期所存資料甚少，故未率爾操觚。時長一輩者皆已凋謝，無由探問；平輩者只吾弟，又小予十一歲，對此時期全無所知；小一輩者更無論矣。於是除留存若干傳說外，幾無任何紀錄可憑。乃求諸予之頭腦。每想出一事，即書一紙條。積之既多，又按年代先後加以排列，居然構成予在民國五年（一九一六，十六歲）以前之生活情況。其後漸有課業文字（如中文作文）、日記、家書及與友朋來往之函札可資參考。遂於一九九四年元旦開始編寫年譜。

一九〇一年載予出生翟家莊，在其下加「〔一〕」字號碼，另撰「追述予幼年時之翟家莊」置於附錄，說明其時此村之情況。又在此條正正文中說及「吾父」，亦在其下加「〔二〕」字號碼，另撰「予所知之夏氏宗族」置於附錄，以明吾父之由來。又在同一行內說及「吾母」，亦在其下加「〔三〕」字號碼，另撰「開家莊之吉氏家族」置於附錄，以明吾母之來歷。又在一九〇三年正文中說及「繼母」下加「〔四〕」字號碼，另撰「聖唐莊之顧氏家族」置於附錄，以明吾繼母之來歷。以下凡在正文記述甚簡之處，多撰附錄以補充。作滿一載，正文寫到是年年底。附錄寫成三十一篇。二者合計，約共七萬五千言，抄成初稿。今春二月，承任長正同學細心校閱，指出應修正者數處與若干錯字，非常感謝。遂再校改，更加補充。頃已續到一九九五年六月，並由吾妻重抄初稿清本。李商隱詩云：「春蠶到死絲方盡」，予猶春蠶，尚未「到死」，故年譜不可中斷。

予之一生，可分四時期。自出生迄八歲（一九〇一—〇八），共七年多，為幼年時期。自九歲年初迄二十六歲上半年（一九〇九—二六），共十七年半，為入學受教育時期。自二十六歲下半年迄七十三歲（一九二六—七三），共四十六年半，為在學校任教時期。此期除去在家管理油坊之三年，實為四十三年多。七十三歲以後，則為退休養老時期，迄今已度過二十一年有半矣。綜此九十五年之事蹟，皆見於年譜。其中以在臺大服務為久，自省尚能盡職，而無濫竽之嫌也。

一九九五年七月十日，卓如序於匹茨堡寓廬

百吉老人自訂年譜

一九〇一年　清光緒二十七年辛丑　一歲

⑴十一月七日（舊曆九月二十七日）出生於江蘇省東臺縣翟家莊〔一〕。吾父〔二〕吾母〔三〕皆二十六歲。（依照上列此等號碼，可以參閱附錄）。

一九〇二年　清光緒二十八年壬寅　二歲

⑴夏，鄉間瘟疫流行，吾母不幸染霍亂病，不治，於舊曆六月十八日逝世，享年二十七歲。時予之實際年齡未滿九個月，已成無母之子，痛哉！

一九〇三年　清光緒二十九年癸卯　三歲

⑴繼母來歸。此後繼母歸寧，予皆隨之往聖唐莊先後住數月〔四〕。

一九〇四年　清光緒三十年甲辰　四歲

⑴祖母逝世。祖母姓陳，史家堡（在翟家莊南三里）人，生於清道光二十三年癸卯（一八四三），享年六十二歲。

一九〇五年　清光緒三十一年乙巳　五歲

⑴夏秋間大水，恒源油坊停業。冬季又被焚毀〔五〕。

一九〇六年　清光緒三十二年丙午　六歲

⑴舊曆乙巳冬大寒期中，葬祖母於翟家莊新建之祖塋，並遷吾母之柩重葬於此。

⑵舊曆乙巳除夕（一九〇六年一月二十五日），妹年儀出生。就舊曆言，妹小予四歲。就陽曆言，予長妹五歲。

一九〇七年　清光緒三十三年丁未　七歲

⑴常隨繼母往聖唐莊外家，先後入堂房母舅顧錫琳之私塾數月，讀西學三字

經。（今猶記首四句云：「普天下，五大洲，亞非美，合澳歐。」）

一九〇八年　清光緒三十四年戊申　八歲

⑴常隨繼母往聖唐莊外家，上左泉母舅試辦之改良私塾數月，讀上海商務印書館編印之最新小學國文教科書第一冊。（此書為我國第一部小學國文課本，共十冊。第一冊第一二三四課課文為「天地日月，山水土木，耳鼻口舌，并戶田宅」。）

一九〇九年　清宣統元年己酉　九歲

⑴舊曆正月元宵左右，到羅家莊上改良私塾，仍讀最新小學國文教科書第一冊。另有算術、唱歌、體操等課。教員為沈鐵忱與沈柳亭二君，皆曾畢業於江寧達材師範學校。

一九一〇年　清宣統二年庚戌　十歲

⑴私立羅邨振新小學正式成立，予於舊曆年初入該校初小一年級肄業。課程較

為完備。國文課由高瀛甫先生講授，仍讀最新小學國文教科書，間讀論語與孟子。（小學國文教科書第二冊中，至今記得兩課課文。一曰：「四月天，大麥黃，南風入戶，單衣不冷。」一曰：「五月五日，名天中節，角黍形尖，黃魚味美。」）
⑶剪辮子。

一九一一年　清宣統三年辛亥　十一歲

⑴在羅郵振新小學初小二年級肄業。
⑵革命成功，民國建立，改用陽曆。

一九一二年　民國元年壬子　十二歲

⑴在羅郵振新小學初小三年級肄業。改由凌際春先生講授國文。其時已能作文。文題多為論說，如「童汪踦死齊師論」、「堯舜傳賢，何以禹獨傳子論」之類。
⑵舊曆五月初四日（陽曆六月十九日），二弟銘儀出生。
⑶允升油坊拆股，吾家繼續經營，改名永生油坊。
⑷吾家自翟家莊遷居時堰鎮。祖父仍居鄉間老宅，有二叔家照應。

一九一三年　民國二年癸丑　十三歲

⑴在羅郵振新小學初小四年級肄業，年底畢業〔六〕。

一九一四年　民國三年甲寅　十四歲

⑴春，入東臺縣立高等小學秋季班一年級下學期肄業。暑後應升二年級上學期，而學校強予重讀一年級上學期，遂輟學在家。

⑵旋往南通，擬入南通代用師範附屬小學。詎行抵唐家閘，距通城僅十餘里，適逢贛寧之役，戒嚴，不准前進，乃折回家中。

⑶事過，再往，附小已開學，但仍允予入高小秋季班二年級試讀。第一日上課，即遇連堂之作文，文題為「生於憂患死於安樂說」。予所撰文為國文教師湯逸珊與附小主任李亦航兩先生所稱賞，遂允予為正式生。

⑷為矯正舊俗計，師範與附小皆依陽曆放寒假。假滿返校，雖在舊曆年間而照常上課。

一九一五年　民國四年乙卯　十五歲

⑴在南通師範附小讀高二下學期與高三上學期。

⑵五月，左泉母舅因病逝世，享年四十餘歲，予哭之甚哀〔七〕！

一九一六年　民國五年丙辰　十六歲

⑴在南通師範附小讀高三下學期。六月畢業。

⑵夏，投考南通江蘇省立第七中學，錄取。暑後遂入該校一年級上學期肄業。

⑶予原名孔儀，經校長繆敏之先生之建議，改名德儀，並呈報教育廳備案。

（春秋鄭女夏姬，陳大夫御叔妻，貌美，陳靈公，孔寧、儀行父俱通之。三惡之姓聚於一名，故欲改之。）

一九一七年　民國六年丁巳　十七歲

⑴在南通七中讀一年級下學期與二年級上學期。

⑵予初入七中時，一年級是雙班。自第二學年起，依學生成績重分甲乙組。甲組程度僅合標準，乙組程度較高。兩組課程時數與讀物亦頗不同。予被分在乙組。

一九一八年　民國七年戊午　十八歲

⑴在南通七中讀二年級下學期與三年級上學期。

⑵三弟舜儀出生。

一九一九年　民國八年己未　十九歲

⑴舊曆正月上旬結婚，娶青蒲錢氏。錢氏為吾繼母大姊之次女，長予一歲。約當男女雙方六、七歲時訂此配給式之婚姻。

⑵在南通七中讀三年級下學期與四年級上學期。

⑶五四運動起。六月間，七中全體學生罷課，要求罷免曹、陸、章三大賣國賊，並分組外出講演，抵制日貨。學校提前放暑假。下半年開學，補行上學期考試。

⑷九月間，看到留法勤工儉學章程，與同班同學宣君震東同向校長要求退學，並告以擬赴法工讀。校長力勸待大學畢業後出國深造。遂不果行。

一九二〇年　民國九年庚申　二十歲

(1)上半年在南通七中讀四年級下學期。六月畢業（八、九）。

(2)暑假中到上海應北京大學入學試驗，錄取。

(3)九月間入北大乙預科（北大預科分甲乙。讀理科者入甲預科，讀文法科者入乙預科）英文第七班（以第一外國語分班，另有法文、德文、俄文班）肄業。

一九二一年　民國十年辛酉　二十一歲

(1)舊曆庚申臘月二十七日，（陽曆二月六日）祖父去世。祖父生於清道光二十二年壬寅（一八四二）。就舊曆言，享年七十九歲；就陽曆言，享年八十歲（一〇）。

(2)四月，北京國立八校教職員因索薪罷課，故得提早回家。

(3)暑假中，往翟家莊老宅尋祖父遺物，得其所藏夏氏家譜稿一冊、平時唪誦之金剛經與阿彌陀經經卷各一部，及典化李鱓（字復堂）墨筆牡丹中堂一幅。家譜稿中略載上代先人之名，後由堂伯父飲和等借閱，未還，日久不知下落。

(4)舊曆四月初七日，兒子仰胡出生。

(5)暑假後北大開學，先補第一學年考試，繼讀乙預科二年級上學期。

(6)十二月二十一日（舊曆十二月初三），二叔去世。

(7)同月二十七日，北京國立八校校長因經費無著，難於維持，辭職。未允。

一九二二年　民國十一年壬戌　二十二歲

(1)一月九日家書，向雙親建議：「二弟三弟，務令多讀幾年書。念書目的，不在做地方董事以敲竹槓，不在做知縣以括地皮，只在讀書明理，做一好人而已。」

(2)一月十日，函上海商務印書館訂購毛邊紙印線裝《四部叢刊》一部。

(3)同日，本校為節省經費計，裁減教職員。乙預科二年級下學期各班哲學概論、經濟通論、法學通論、數學與科學概論各項科目，一律取消。

(4)十三日，預科開課。課表上果然只有十八小時功課：英文（連作文）七、法文四、西洋近百年史三、國故概論、文論集要、文法與作文各一。

(5)三月十六日，國立八校教職員開全體大會，討論索薪事，停課一日。（以上所到索薪諸項，皆可證明當時北京教育經費拖欠之情況。）

(6)上半年讀完北大乙預科，暑假回家。暑後返校，入本科歷史學系，讀一年級上學期。

(7)十二月十七日為北大建校十五周年紀念日，停課三天，舉行慶祝。

一九二三年　民國十二年癸亥　二十三歲

(1)上半年讀北大歷史系一年級下學期。暑假回家。暑後返校，讀二年級上學期。

一九二四年　民國十三年甲子　二十四歲

(1)春，舊曆二月初七日，女慕冰出生。

(2)上半年讀北大歷史系二年級下學期。暑假回家。暑後返校，讀三年級上學期。

(3)在歷史系三級時，予除選讀本系功課外，又在英國文學系選讀張君欣海講授之英美文學每週三小時，與柯勞克夫人（Mrs. Clark）擔任之英文系二年級英文作文每週二小時。

(4)繆金源兄發起一聚餐會。三月九日在騾馬市大街賓宴春飯館舉行第一次會。

到者八人：四川謝星朗（哲三）、江西劉奇（哲四）、廣東容肇祖（哲三）、陝西王鼎甲（哲三）、山東鍾爾強（哲二）、浙江孫德中（英二）、江蘇繆金源（哲四）、江蘇夏德儀（史二）。席間討論以後聚餐辦法。決定每月舉行二次，或聚餐，或茶會，或往郊外野餐。每人月交一元。今晚之宴只費六十餘吊文。（北京以百文為一吊。）四月四日，在東安市場東安樓舉行第二次聚餐會，增新會員數人。第三次會，予因病未參加。五月十一日，又在城南公園舉行聚餐，並攝影歡送畢業會友。予又因病未能參加。而此會亦即結束。

(5)四月九日，晨報載「介紹隻手打孔家店的老英雄」一文，文中錄其近著贈妓嬌寓先後諸詩。作詩者為北大中國文學系教授四川吳虞也。

(6)四月二十九日日記上記清議報因多數社員主張解散，餘款九元七百文移贈繆君新組成之論衡社。按清議報全名為「江蘇清議」，是繆金源、魏建功兩兄與予及另三人（忘其姓名）所合辦。自何時起？出過幾期？皆無記錄可憑，只記得其宗旨在討論江蘇省政治與社會諸事也。

(7)五月七日，晨報副刊揭出本校歷史系教授楊棟林與女生韓權華求婚函。九日，楊君辭職，所授課停講。

⑻六月四日，金源兄主辦之《論衡》第一期出版。

⑼秋，年妹與稽家樓（在時堰東三里）武君續曾（字似哉）結婚，仍行舊式婚禮。

一九二五年　民國十四年乙丑　二十五歲

⑴上半年讀北大歷史系三年級下學期。暑假回家。時二弟已在羅邨振新小學畢業，故於下半年偕彼同往北京。予讀北大歷史系四年級上學期。彼入私立黎明中學初中一年級肄業。

⑵自一月起，開始翻譯《歐洲上古史》〔一一〕。

⑶回憶在中學上早晚自修課時，常喜朗誦古文辭。頃又發生熟讀古文之心願，自一月五日起，規定每日至少讀中學國文評註讀本之文章一篇，要背得出，並在日記上記其篇名。

⑷予曾應金源兄之請，加入論衡社。一月十一日，《論衡》第二期出版，有予撰短文，署名魯素。十八日，第三期出版，有予撰一文，仍用魯素筆名。二月二十五日晚，繆君來，又交三篇。

(5)一月二十一日為列寧逝世一週年紀念日。下午，第三院開會追悼。俄大使加拉罕及汪精衛、李大釗等俱有演說。

(6)一月三十一日晚，繆君招飲於東安市場之稻香村，同席者為宜興人潘君梓年。潘君亦肄業於北大哲學系，常與繆君往來；只知其思想左傾，不知其為共產黨員。

(7)三月十二日晨，孫中山先生逝世於北京，北大停課一日，下半旗誌哀（一二）。

(8)五四運動紀念日與五七國恥紀念日，本校照常上課，皆未參與他校之活動，因此引起校內外之糾紛（一三）。

(9)五月二十三日，本系有人提議推翻系主任朱希祖先生，並已徵得下兩班之同意，推予先擬上校長書稿。翌晨寫成，長二千餘字。二十五日給同班同學看。不意靳君謂一二年級主張審慎。予遂毀棄原稿。二十七日，有四年級同學秦志壬者，浙江人，貌似誠實而行為狡詐。平日常與予議及系務之失，故此次舉動予盡告之。不料彼與朱先生暗中有聯絡，現且乞其代謀孔德學校教職，彼即密報此事於朱主任。同學大憤，責問秦某，秦某否認。於是引起下三班同學欲強其同詣朱主任處對質，秦某大窘，頗遭辱罵。是日，本系開教授會，同學有所建議，並有代表列席。學生提案皆通過。

⑽六月一日，報載上海學生因援助日紗廠工人罷工事遊行講演，並要求捕房釋放前因此事被捕學生。南京路英租界巡捕竟任意槍擊學生，死傷多名。全市大憤，遂促成滬上各學校罷課，商人罷市，工人罷工。南京學界亦有援助之舉。北京各學校以北大反應最快，二日下午即開會議決罷課援助。三日下午，各校學生齊集北大三院出發遊行。人心激昂，秩序甚佳。四日，北京各校全體罷課，學生分別在全城各處講演。滬事更擴大，因外國人繼續殺人，又開到兵艦多隻。北大教授發表宣言，促外交部嚴重抗議，並派要入租界保護華人生命。十日又開國民大會，會後遊行，成為空前未有之群眾運動（一四）。

⑾二十六日，予已回里。是日下午，與同鎮孔君慶麟（彼在上海一教會大學肄業），在本鎮小學共商援助滬案事。決定成立時堰鎮滬案後援會，舉行講演、追悼及募捐三事。三十日上午講演滬案事，下午開追悼會，到者多為本鎮人。連日分路募捐，所得不及百元。

一九二六年　民國十五年丙寅　二十六歲

⑴上半年予讀完北大歷史系四年級下學期，畢大學業（一五）。二弟讀完黎明中學初中一年級。暑假一同回家。

⑵《歐洲上古史》譯稿完成，約二十五萬字。譯稿交顧君頡剛，擬由樸社出版。

⑶暑假後，二弟入鎮江江蘇省立第六中學初中二年級上學期肄業。寒假回家。

⑷下半年，予留家中，預備改革油坊。

⑸魏建功兄來函，介紹予往徐州江蘇省第三女子師範任國文教員，予辭未就。

⑹時堰鎮有千數百戶居民，而僅有一縣立初級小學。予向縣教育局建議改為完全小學。該局乃聘予為校長，不支薪，以校長俸薪為增設高小之用。

⑺予又借用時堰某祠堂，設一民眾閱報社。將吾家所訂上海新申報與舊存雜誌（如《東方雜誌》與《小說月報》之類）捐贈該社，俾眾閱覽。僱一識字男童，按時啟閉門戶，保管讀物，年僅支十餘元，由予資助。

⑻予又挪款辦一啓時書店，向上海各書館購來各科小學課本、兒童讀物與各種文具出售。目的在助本鎮及附近諸村莊之兒童易於買到課本與文具，不在謀利。

⑼十二月下旬，予與似哉同赴上海，向西門子洋行訂購十八匹馬力柴油引擎一

座，並經南通訪問閔君仲惠，參觀其已用機器磨豆之油坊。

⑽祖父臨終有遺言，欲待予大學畢業後下葬，故於今年舊曆臘月大寒期中葬之於新祖塋。時二叔已先下葬於此。

一九二七年　民國十六年丁卯　二十七歲

⑴一月迄九月，予主持油坊改革事宜〔一六〕。

⑵二月九日，書賈馮君來。馮君經常往揚州訪敗落之舊家，以廉價收購其舊書，轉售於予及其他藏書之家。予買《曾文正公全集》（百四十九冊）、《舊唐書》（六十冊）、《賀編經世文編》（八十冊）各一部，皆木刻本。

⑶兒子則孫出生。

⑷由金源兄推薦，十月到杭州浙江省立第一中學一部任歷史教員。其時任課中有高中文科及師範科之中國近百年史，無現成課本可用，遂自編講義。

一九二八年　民國十七年戊辰　二十八歲

⑴在杭州一中一部任教，一面讀書，一面暢游西湖諸名勝，又有繆金源、周明

生、錢南揚、王星賢諸兄談論一切，至可樂也！

⑵予所譯《歐洲上古史》，原擬由樸社出版，但以字數多，又欲印出全部附圖，而該社一時無此經濟力量，故予函請寄回。三月十三日果由該社寄到。四月九日，馮君友蘭來信，謂譯稿頗有價值，樸社仍願出版。（馮君為樸社創辦人之一，又負譯稿審查之責。）而顧君頡剛又來函索譯稿序，於五月十六日刊載廣州中山大學《語言歷史研究所周刊》第三集第二十九期。

⑶六月，二弟畢業於鎮江六中初中部，暑後入杭州高級工業職業學校肄業。

⑷年底，《中國近百年史》刊印成書。所述史事亦迄是年年底。

一九二九年　民國十八年己巳　二十九歲

⑴春，仍在杭州一中一部任教。但油坊虧損日甚，搖搖欲墜。遂於春假後請楚君中元代課，予則返里，冀解油坊之危機。

⑵經數月之清查，知油坊負債甚多，周轉不靈，而坊中同人又多不誠，以致弊端百出。終於夏間宣告停業，清理債務。樹倒猢猻散，所有員工一律改雇，只留二三人助理善後。

(3)在清理債務期中，油坊作小規模之復業。

(4)上半年，二弟在杭讀高工職校。暑假中考取江蘇省立揚州中學。暑後遂入揚中肄業。

(5)七月，三弟在羅邨振新小學畢業。九月，入泰縣縣立初中肄業。

一九三〇年　民國十九年庚午　三十歲

(1)上半年在家管理油坊。坊中除吾父子與似哉外，只用袁廉（字養卿）一人。父管油坊作房與碾米事。予坐賬桌，管賬。四人合作，尚能維持小規模之營業。

(2)夏，建功兄薦予於徐炳昶（字旭生）先生，在北京女子師範大學研究所彼所主持之部門得一編輯之位置，予允就斯職。不意行期已定，而表兄顧卓峯被綁，臨行留言，懇予營救。奔走數月，方得贖回。予又患傷寒，一病幾死，年底始愈。遂失北平任職之機會。

一九三一年　民國二十年辛未　三十一歲

(1)上半年仍在家中管理油坊。

(2)初秋，江水淮水暴漲，發生大水災，油坊及全家沉於水中二、三尺，一切停頓。袁廉回泰州，似哉與年妹歸稽家樓。惟二弟三弟照常上學。

(3)九月，沈善芝兄薦予任安徽省立第一鄉村師範史地教員兼教務主任。予遂離家往貴池，任職一學期。寒假回家。

一九三二年　民國二十一年壬申　三十二歲

(1)春，錢氏患病甚重，雖曾伴之到南通基督醫院治療，無效，於五月十四日去世，享年三十三歲。遺仰胡（十二歲）、慕冰（九歲）、則孫（六歲）三孩。則孫更不幸於八月二十七日，當錢氏卒後百日，突患腦膜炎夭折！

(2)六月，二弟畢業於揚州中學高中部，三弟畢業於泰縣初中。暑假中，二弟曾考取交通大學，因病未入學。

(3)洪水漸退。夏間，油坊復業。袁廉再與二弟三弟共管坊務。

(4)暑後，因王星賢兄之推薦，入浙江省立杭州初級中定任史地教員兼教務主任。

(5)暑前，仰胡畢業於時堰小學。暑後考入杭州初中。

一九三三年　民國二十二年癸酉　三十三歲

⑴春，舊曆壬申大寒期中葬錢氏。

⑵仍在杭州初中任職。買商務印書館《四部叢刊續編》及中華書局四部備要本《二十四史》各一部。有暇讀書。

⑶仰胡讀杭初，第一學期不及格，降入春季班又不及格，按例開除。暑後入杭州私立清波初級中學一年級肄業。

⑷十一月七日為予三十三歲初度之日，自書感言曰：「嗚呼！時光容易，三十二載之歲月，倏焉已過。往事回憶，彌增慚愧！夫子猶曰君子疾沒世而名不稱焉。嗟予小子，能不驚心！用於今日，立一新簿，逐日記其所作之事，所讀之書，藉以自檢，兼以自勵。」

一九三四年　民國二十三年甲戌　三十四歲

⑴春，二弟結婚，弟婦姓周，名蓮英，與弟同年。

⑵上半年在杭初任職。

⑶七月，浙江教育廳任命星賢兄為浙江省立嚴州初級中學校長。星賢欲予同往

助之。予乃辭杭初事，於暑後任嚴中史地教員兼教務主任。

(4)杭州孫序小姐（字彝秉）畢業於浙江省立杭州高級中學，亦被聘為嚴中職員，在教務處佐予辦理教務，聰明能幹，予頗得其助。

一九三五年　民國二十四年乙亥　三十五歲

(1)在嚴中任職。校務漸上軌道。

(2)時予有續絃之圖，承友先後紹介數人，皆不成。因與彝秉相處較久，遂生愛慕之心，而於六月杪學年結束時向彼求婚。承彼允諾。但附兩條件：一為須得其家長之同意，二為予須戒絕吸煙。允之。彝秉又辭去嚴中職務，在家溫習功課，擬投考大學。

(3)暑假後，予與彝秉情書往還甚密，此時方知戀愛之甜如蜜也。予曾填虞美人一闋寄彝秉。詞曰：

秋風蕭索秋光老，愁思知多少。宵來風雨更淒淒，似為離人瑣碎訴相思。
何時得向杭州去？一慰離愁緒。扁舟容與泛西湖，重過高莊樽酒醉蓴鱸。

(4)八月，予攜慕冰來建德，住星賢兄家，入嚴中附小五年級肄業。

一九三六年　民國二十五年丙子　三十六歲

(1)上半年，予試授嚴中附設四年制簡易師範科一年級下學期國文一班，每週六小時。講初中國文課本與自選補充教材。予對國文教學頗有興趣〔一七〕。

(2)夏，星賢任校長滿二年，已將往日常鬧風潮之惡習糾正而成平靜進步之學校，學生程度亦漸提高，會考成績亦達一般水準。星賢乃辭去校長而就浙江省立杭州女子中學教職。

(3)予在建德二年，又購商務所印《四部叢刊三編》、《二十二省通志》與中華所印《古今圖書集成》中之理學彙編。

(4)春，先請唐效實兄親詣孫府提出彝秉與予之婚事，承其尊翁壓才老先生欣然應允。遂於三月八日在杭訂婚。更於八月一日在西湖飯店舉行婚禮。雙方親友來賀者約二百人，開婚筵二十餘席。婚後數日偕新人返里，拜祖先，謁父母，見弟妹。家中亦多親友來賀，開喜筵四十席。

(5)時已應安徽省立鳳陽中學之聘，故在家未及一月，即與彝秉同攜仰胡、慕冰到鳳陽。予任鳳中史地教員兼教務主任，仰胡入鳳中初中二年級肄業，慕冰入安徽省立鳳陽師範附屬小學六年級肄業。而星賢兄之令郎鈞亮亦隨來鳳陽讀鳳中初二。於是予與彝秉新組成之小家庭共有五人。

(6)鳳陽為僻陋之地，無風景名勝可資游覽，家務又有彝秉處理。故予除課務與教務外，能專心讀書，日以朱墨點閱史記漢書。

(7)寒假留鳳陽，未返老家。鈞亮亦未回杭。

一九三七年　民國二十六年丁丑　三十七歲

(1)上半年任職鳳中。

(2)七月放暑假。彝秉歸寧。鈞亮亦回杭。予攜仰胡、慕冰返里。

(3)慕冰既畢鳳師附小業，暑假中，予兩次送彼投考初中：一到揚州考揚中初中，一到鎮江考鎮中初中：皆未錄取。

(4)時彝秉懷孕，產期在八月間，予赴杭照料。

(5)七月七日，盧溝橋事變發生，抗日戰爭開始，南京與杭州筧橋俱遭轟炸。杭州幾所產科醫院皆停業。予伴彝秉住仁愛醫院待產。約在八月底產一女嬰，不育。

⑹滿月後，予偕彝秉由京杭國道赴南京，當晚到達，即往其表姊夫鄭索田家。時首都連日遭敵機轟炸，人心惶惶。幸索田兄供職交通部，戰時兼兵站處處長，故由彼用有通行證之坐車送予等出城至下關，住入某旅館。而事先與家中約定是日由坊中司機高君送仰胡到下關某旅館。彼等居然按期先到。遂於翌晨渡江搭津浦路車到臨淮關轉鳳陽。鈞亮已先到。慕冰留在老家。

⑺時局愈過愈緊，校長劉奇（字子行）先遣家眷離鳳陽。學校繼即解散。校長亦離校而去。予乃先遣彝秉經合肥往舒城王府。繼遣仰胡鈞亮同赴舒城。只予一人留校中辦理學生在學證明書。證明書成而無法寄出。直到十二月間首都淪陷，予始離校，與鳳師王拂塵兄同搭淮南路最後班車到合肥，步行往舒城。

⑻回憶秋間離杭之前，將存杭嚴兩地之書集中孫府，由商務、中華贈予大板箱共十隻，匆匆裝入，堆於孫府廂房內，下以粗木棍擱之。裝箱之書有書目可稽，書目雖早不存在，而大部書仍皆記得。計有商務《四部叢刊續編》、《三編》與《二十二省通志》，中華四部備要本《二十四史》與《古今圖書集成》中之理學彙編。又在鳳陽開始逃難時，將存鳳之書由郵寄出數十包到舒城王府，餘皆留於鳳陽，託一忠實之校工湯美保管，後遂不知下落。

一九三八年　民國二十七年戊寅　三十八歲

⑴予夫婦並仰胡、鈞亮共四人在舒城鄉間王家大莊子過舊曆年，先後約一月，乃於舊曆元宵前動身往漢口。由拂塵兄派一男工老丁騎腳踏車護送，一路皆以人力車代步。

⑵舊曆正月十七日為吾妻三十歲生日。當晚宿於某一小村中，由老丁買來麵條煮而食之。麵中多沙，幾難下咽。吾妻不禁落淚。

⑶續行至某地，拂塵之六弟憲國（字章甫）騎腳踏車趕來，交予安徽教育廳之電報，欲予助辦臨時中學，並囑一切布置，到太湖謁見楊專員便知其詳。及與楊君晤談後，方知廳中派余君尊三到宿松辦臨時中學，任校長，聘予為教務主任，主持教務。

⑷三月初，在宿松開辦臨時中學，收容高初中學生數百人，勉強恢復弦歌之聲。時星賢兄已在浙江大學任教，浙大又遷江西泰和。泰和與宿松相近，遂來宿松接去鈞亮。而拂塵兄又送其八弟國璋來入臨中初中二年級肄業。

⑸首都失守後，政府西遷武漢，敵軍有沿江西上之勢，故臨中又須西移。予乃先偕彝秉率仰胡、國璋赴漢口。留在宿松之書裝一箱，託當地學生曾君愛國保管，

後亦不知下落。

⑹予抵漢口，即與教育部吳君俊升接洽，借得學生住所。繼而臨中師生全體來漢。

⑺予夫婦與仰胡、國璋四人留漢口十六日，彝秉之小姨母翁慰慈女士亦自浙江趕來，加入逃難隊伍。待臨中開拔往湘西後，予因彝秉有孕，不勝湘西之行，故獨率此小團體，賴索田兄之助，乘輪西達宜昌。

⑻時逃難者蟻集於此，擁擠不堪。予等幸在旅館中得一房間，日費四元五角之房金。在宜昌數日，無法購得西入重慶之船票。

⑼正在焦急之際，而於街頭遇彝秉昔在杭女中上學時之體育教師薛詠道女士。彼所率領之逃難團體共四人。到宜昌後竟難覓得住宿之處。幸予等所住者為一大房間，乃與之共住，使彼等免受街頭露宿之苦。

⑽薛女士之夫在空軍服務，故彼等有四張票可乘空軍運送家眷之輪船西往重慶。承其好意，願轉售二票與予等，遂得乘輪赴渝，並在船中遇見曾伯猷兄嫂。

⑾抵渝後仍住旅館內。時張立民兄在渝上清寺求精中學任教。正放暑假，乃令仰胡、國璋借住該校，託立民兄照顧。予與彝秉西入成都，借住彝秉之姨姊王薺家

（其夫孫君倌工任軍校教官），幸彝秉之表姊魏戞鳴（其夫羅君容梓任川大教授）已薦予於四川省立重慶女子師範校長江學珠，承其聘予為史地教員。予乃獨返重慶，留彝秉於成都待產。

⑿予既返渝，先送仰胡入中華職業學校藝徒班學機械手藝，繼送國璋入江津第九臨時中學初中三年級肄業。

⒀秋，予在渝女師生病數日，形容消瘦，吾妻甚不放心，欲予寄照片與之看。乃題七絕一首於照片上寄之。詩曰：「胡馬縱橫寇禍深，嘉陵江上客心驚。西風吹得黃花瘦，人比黃花更不禁。」

⒁冬，渝女師遷白沙，予亦隨往。

⒂渝女師第一次聘約只一學期，故於學期結束後辭其續聘，擬就余君尊三任校長之四川省立內江中學。不料江校長固留，強予發電辭內江事，並增予待遇，減予授課鐘點，以示優待。

一九三九年　民國二十八年己卯　三十九歲

⑴任教白沙渝女師。

(2)一月二十八日，彝秉在成都生琦女。八十天後，搭乘飛機自蓉飛渝，轉來白沙，賃屋於柑子林鄧家，居學校附近。

(3)六月，仰胡畢業於中華職校藝徒班，轉入化龍橋一汽車零件配製廠工作，未及三月，生肺病，回白沙養病。時國璋亦畢初中業，暑後續入高中。

(4)夏，有蘇州人俞君友清者，留其妻與幼女於老家，而攜十二三歲之子增光逃難入川，受聘於渝女師為國文教員。此君能詩，藏紅豆甚夥，自號紅豆館主，談吐不俗，予常與過從，遂成契友。其子在白沙第十七臨時中學肄業。

(5)冬，江保長在渝女師東一大石堡上建屋八間，予租其三間居之。宅後有大榕樹，落葉滿院。時米珠薪桂，予與妻同掃落葉，以助柴火。妻謂予曰：元稹詩「落葉添薪仰古槐」之句，不啻為予二人寫照也。

一九四〇年　民國二十九年庚辰　四十歲

(1)仍任教白沙渝女師。

(2)接一月二十二日二弟來函，驚悉三弟之病不治，於舊曆己卯臘月初九日晨七時半溘然長逝，享年二十二歲。並謂臨終時神智清楚，所囑各事，井井有條，聞者莫不痛哭失聲。嗚呼！愚兄遠在數千里外，不能親臨一哭，哀哉！

(3)仰胡之病亦不治，於舊曆三月初八日晨二時大吐血而逝，享年二十。越三日，葬於大石堡南約三里之牛欄崗。墓兩旁有杉樹各一株，高可二丈，每當天氣晴朗之時站在大石堡住宅門前可望見之。此子天性忠厚，但幼年懶散，讀書不成，改習工藝，又為病魔所纏，隨其三叔而亡。不知堂上二老聞此不幸消息，何以為懷！嗚呼傷哉！

(4)七月，俞君改任重慶中國農民銀行事，乃託其子於予夫婦。於是週末、寒暑假吾家又多一人來住。吾妻憐其年幼，萍飄無依，頗善待之。是年冬，將過舊曆年，琦女著新鞋。增光戲語之曰：「妹兒，你穿新鞋，哥哥還沒有呀。」吾妻聞之，即為製新鞋以貽之。

(5)國立編譯館與中央圖書館皆已遷來白沙。建功兄忽於暑後攜眷來編譯館供職，相見甚歡。予因之又識臺君靜農，臺君亦在編譯館任事。

(6)十二月七日，璇女出生。

一九四一年　民國三十年辛巳　四十一歲

⑴上半年在白沙渝女師任教。學年終了，放暑假，江校長辭職，予亦離渝女師。

⑵昆明中法大學文學院增設文史系，聘建功兄為系主任。建功薦予為專任講師，予亦受聘，遂於十月初同由重慶搭機飛昆明。開學後，予每週僅授大一中國通史三小時，有暇自修。

⑶十二月八日，日軍偷襲珍珠港，中日戰爭從此擴大而為第二次世界大戰之一部分。

⑷在昆明度歲，擬春聯三副，函吾妻買紅紙書之。一貼大門上。聯曰：以不變應萬變，從今年望明年。一貼正屋門前。聯曰：一心急盼歸鄉土，三載流亡愛此廬。一貼房門上。聯曰：無災為福，和氣致祥。

⑸年底接家書，悉四月間慕冰與朱洛結婚。朱洛為吾繼母內姪女（卓峰胞姊）之子，住朱家埿，今屬海安。

一九四二年　民國三十一年壬午　四十二歲

(1)上半年在昆明中法大學任教。

(2)日軍有進窺滇西之勢，戰局更緊，物價飛漲，生活愈艱。吾妻與琦、璇二小孩留白沙，苦不堪言。幸於一月間得中央圖書館職員之位置，方能自活。

(3)予於暑假中回白沙，無法再往昆明。建功亦然。

(4)七月，國璋畢高中業，投考交大與兵工學校。交大先發榜，錄取，又先開學。時生活困難，無法張羅，只得售舊衣以籌學費。國璋既入交大，而兵工發榜，亦錄取。彼未得予同意，竟退出交大，入兵工。蓋知讀交大學費籌措不易，不若入兵工之不費一文也。

(5)下半年，在白沙紅豆樹一女子中學任史地教員一學期。同時兼渝女師課。

一九四三年　民國三十二年癸未　四十三歲

(1)以講師名義任大學先修班歷史課每週十二小時。仍兼渝女師課。

(2)六月二十八日，玖女出生。

(3)妻弟孫玄自滬入川，先來白沙寓內休息二三月，再於九月入交大借讀。

一九四四年　民國三十三年甲申　四十四歲

⑴在大學先修班任教，仍兼渝女師課。

⑵舊曆二月一日，慕冰生子炳熹。

⑶建功兄自昆明回白沙後，即與靜農兄同服務於國立女子師範學院，建功任國文系主任。九月，聘予為兼任副教授，在國文系授目錄學每週二小時。

一九四五年　民國三十四年乙酉　四十五歲

⑴上半年在大學先修班任教，仍兼渝女師及女師學院課。

⑵下半年辭大學先修班事。由建功兄推薦，接受女師學院史地系之聘為專任副教授。

⑶秋，中央圖書館遷回重慶，彝秉無法隨往，遂離職。並即自大石堡遷居上松林鄧家，即圖書館讓出空屋之一部分也。

⑷冬，抗戰勝利，人心振奮，紛紛作東歸之計。

一九四六年　民國三十五年丙戌　四十六歲

⑴上半年仍在女師學院任教。學期中途，學生要求暑假後遷往南京，不遂，罷課多日。原任院長謝循初辭職，教育部派人組織整理委員會，以伍叔儻為主任委員，施加壓力。令學生復課，並自白沙遷到重慶附近九龍坡交大遺下之房屋為女師院永久之校址。予亦前往授課月餘日，學期結束而回。

⑵予等急欲東返，但只困居白沙，終難覓得機會。故於夏季之某日與彝秉同率三小孩到重慶。彝秉往訪其師許碧筠女士。許任保育院院長，正在辦理復員之事。彝秉之妹孫扐原任職於該院，但已先走，留此機會與予等。故能於次日即辦手續，登上專輪，東下南京。抵南京時，已悉家鄉淪陷，故即乘滬寧路車往上海孫府暫住。時國璋仍在兵工學校肄業，已與家中通信，獲得接濟，但其三哥拂塵已不幸去世矣！據王章甫來信，拂塵之死在民國三十三年十一月十三日，舊曆九月二十七日。

⑶九月間，與妻同赴杭州孫府舊宅看存書。最下兩箱全成泥土。其上諸箱亦遭蟲蝕。又因裝箱時未依部類，故其中除《清一統志》及《二十二省通志》全毀外，餘如《四部叢刊續編》、《三編》皆殘缺不全。如《太平御覽》原為百三十六冊，

而僅存八十二冊。至可惜也。乃略加整理，仍存其處。

(4)先是抗戰勝利後，臺北帝國大學被接收而為國立臺灣大學，遣返日本教員，另聘中國教員。時第一任校長羅君宗洛原為中央研究院植物研究所研究員，故託該院代為物色願赴臺大教書之人。予與靜農皆因建功之推薦而被聘任，並先由該院代發赴臺旅費。暑假中，羅校長辭職，陸君志鴻繼任。在予全家尚未抵滬之前，陸校長即將教授聘約與又一部分旅費寄到孫府。時家鄉為共軍所佔，不能回里。故於雙十節由滬乘輪到臺，住入佐久間町臺大宿舍。旋又搬到溫州街十八巷一號臺大教職員宿舍居住。

(5)十月開學，予授文法兩院大一中國通史兩班。

(6)琦在白沙讀過渝女師附小二年，故到臺後續讀臺北國語實驗小學三年級上學期。璇在白沙讀過渝女師附小一年，故到臺後續讀國語實小二年級上學期。

(7)時建功兄已攜眷先予等抵臺，組織臺灣國語推行委員會，在省立師範學院（後改國立師範大學）開國語專修科，培養國語推行人才，予曾兼任該班之史地課。

一九四七年　民國三十六年丁亥　四十七歲

⑴上半年在臺大任課如前。

⑵琦璇二女轉入與溫州街寓所最近之龍安小學肄業。但因語言不通，又轉入臺灣省立臺北師範附屬小學，琦讀三年級下學期，璇讀二年級下學期。

⑶二二八事變發生。外省人初被毆打。迨內地調來軍隊，本省人遭殺害或失蹤者多。直到蔣家政權傾覆後，臺民起而翻案，要求政府澈底調查，秉公辦理賠償，雪冤等事。

⑷五月二十四日，跋建功兄令祖慰農先生家書卷子〔一八〕。

⑸時堰鎮克復，通信，故於暑假中與妻同攜三小孩回里省親。時父年七十二，繼母年七十四。二弟夫婦已有子女五人。子二：曰根、曰本。女三：曰瑣、曰琥、曰瑰。似哉與年妹有二女：長克惠，幼克慈。抗戰期中，時堰為敵偽所據，吾家油坊常為敵偽軍之司令部，屋宇器物均遭破壞。油坊遷出一部分器材到鄉間某村莊繼續經營，尚獲一時之利。

⑹在回里省親途中，予等曾特過揚州訪俞友清兄，住一宿而別。其子增光在第十七臨時中學初中畢業後，考入勞作師範，仍留四川。予等返臺後，尚接其結婚照

片一幀。迨大陸全部淪陷，俞君父子遂杳無消息矣。

(7)回憶予在家中改革油坊與後來回家管理油坊時，雖感經濟困難，而購書之癖未除。書賈馮君來，予曾買《小倉山房集》、《知不足齋叢書》、大本大字《佩文韵府》與《廬州府志》各一部，皆為大部頭木刻線裝之書，與予原存之《四部叢刊初編》及中西文書籍並藏家中。經此浩劫，蕩然無存矣。

(8)予等在家期間，時堰四圍，日夜皆聞槍聲，共黨之勢日盛，難於阻遏。予等住四十日，即取出若干殘存之書與各項舊文件，仍遏上海，返回臺北。

(9)予等回里省親時，鄉間不寧靜，朱洛一家在時堰住，外孫炳燾已四歲。

(10)臺大歷史系無主任，亦不知誰為文學院長。暑假後，錢歌川任文學院院長，涂序瑄任歷史系主任。又聘張思海任西洋史教授。另有二年輕人（忘其姓名）亦以講師授西史。又有南京中央大學歷史系教授郭廷以者，正當休假之期，亦來臺大專任，授中國近代史。

(11)暑假後，予仍授大一中國通史兩班。又為自日本返臺寄讀臺大之學生二十餘人開中國外交史一學期。

一九四八年　民國三十七年戊子　四十八歲

⑴吾妻在二月七日生日後數日，小產，住鄭州街省立第二醫院數日而愈。

⑵上半年任課如前。

⑶七月，陸志鴻校長辭職，莊君長恭繼任。文學院與歷史系發生變動。錢歌川與涂序瑄、張思海暨二年輕人皆未被續聘，惟予獨存。故涂某對予施行攻訐，謂予為李大釗門人，並向南京監察院告予思想不純正，幸學校當局查覆，謂無其事，方免於禍。

⑷暑假後，沈君剛伯長文學院兼歷史系主任，聘徐子明、張致遠兩君專任歷史系教授。此三君皆自中央大學來。另有李君玄伯亦於此時來臺大任歷史系教授。

⑸下半年，予任文法兩院大一中國通史兩班與歷史系二年級中國近代史。

⑹寒假中，莊長恭校長辭職，傅君斯年（字孟真）繼任。

⑺年底，共軍南下之勢更盛，念及存杭之書，不禁咄咄書空。吾妻遂攜一藤包，內裝舊牛皮紙與繩索，乘輪返滬轉杭，為予取書。時郵局已不欲收寄海外包裹，幸賴施君志成之助（施任浙江郵區郵務長洋人之英文秘書），收寄百餘包。回程又幸遇國璋率六十一兵工廠人員遷臺。（國璋於民國三十六年畢業，派往瀋陽兵

工廠任職。東北淪陷後，轉入上海龍華兵工廠服務。）乃得登上中興輪安抵臺北。不久，書籍全部寄到。不勝歡喜。

一九四九年　民國三十八年己丑　四十九歲

⑴二月，傅校長到任。傅君原任中研院史語所所長，仍兼其事，故該所得全部遷臺。又帶來該所大部分人員，無處居住。遂用合聘之法，將該所研究員董作賓（字彥堂）、李濟（字濟之）、芮逸夫、凌純聲與勞榦（字貞一）諸君為臺大歷史系教授，由臺大配給宿舍居住。合聘之人，雙方皆為專任，但只領一份專任薪給，另取四小時之兼薪。

⑵此一學期中，傅君屢次召開校務會議，輒耗全天時間，討論校務，加以改進。如自三十八學年度起，即創入學試驗用試卷彌封及辦事人員與印刷工人一同入闈之法以杜弊端。此法行之數十年而未改焉。

⑶上半年任課如前。

⑷暑假前，傅校長即邀國文、歷史兩系專任教授各組大一國文會與大一中國通史會。建議國文系教授每人任大一國文課一班，大一中國通史分甲乙兩組，文學院

哲學、國文、歷史等系讀通史甲，文學院外文系與法學院政治、法律、經濟三系讀通史乙。

(5)八月，沈院長辭系主任兼職，由劉君崇鋐（字壽民）繼任。

(6)暑假後，勞君貞一授大一中國通史甲一班，予授大一中國通史乙兩班（A班有外文系新生八十六人，B班有法律、政治、經濟三系新生百五十八人。）又開歷史二年級中國近代史（有本系學生二十六人。）

(7)傅校長又建議合編大一中國通史參考資料，並請姚君從吾主其事。先邀本系中國史諸教授組織大一中國通史參考資料編纂委員會，繼則分配編纂工作：李濟之任史前時代，董彥堂任商周兩代，勞貞一任秦漢，姚從吾任宋遼金元，予任明清與近代，只缺隋唐五代，一時無人擔任。

(8)下半年，予除授課外，因欲選明清部分通史參考資料，故先讀《明史》，繼讀《明史紀事本末》各一遍。

(9)建功一家既陷於北平，其姪女魏同獨留臺北讀市立第一女子中學高中，日久自難生活。乃於九月六日遷居寓內。於是吾家似增一女。彼生於民國十七年八月二十七日，乳名同慶，故予等以同慶呼之。老家在如皋西場（今屬海安），父早逝，母尚在，但自大陸全部淪陷後，不通音信者三十餘年。故其職業婚姻與子女等事亦列入本譜。

一九五〇年　民國三十九年庚寅　五十歲

⑴上半年，予除授課外，一面閱讀明史書，一面選定大一中國通史參考資料之明代部分。清與近代部分，亦已著手選錄。

⑵約在暑假前三週召開大一中國通史會。校長親任主席，本系諸中國史教授皆出席，形勢之嚴重，令人不寒而慄。主席致辭數語，即由勞君與予分別報告一年來講授此科之經過。勞君推予先說。予乃曰：上下兩學期，除放假及考試，實際授課三十週。予授通史乙，故擬成三十題，以十題概述由古代迄元末之綱要，二十題講明代以下。今距學期結束尚有三週，已講到晚清時期，預計可以講到北伐成功，全國統一為止。予之報告，幸無差失。主席且謂予所講授，對學生頗有益處。勞君任通史甲，原應講述自古代迄元末，而彼一開口即謂「我亦講到清末」。傅君頗驚其快，微露不滿之意。在座諸君皆無一言而散。

⑶暑假後，歷史系增設研究所碩士班。

⑷暑假後，予仍授文法兩院大一中國通史乙兩班（A班有外文系新舊生百二十二人，B班有法律、政治、經濟三系新舊生二百一十五人。）又開歷史系二年級中國近代史（有本系學生二十五人。）並選定中國通史清代前期與近代部分之參考資料。

⑸暑假後，文學院所建人類考古學系，董、李、凌、芮四教授改入該系任課，李濟之為系主任。

⑹夏間，同慶畢高中業，投考大學，未錄取，乃與同學王景芬同任臺北縣萬里鄉萬里國小教員，週末假期回家休息。

⑺琦女亦在北師附小畢業，考入一女中初中肄業。同時，玖女入北師附小一年級。

⑻冬，傅校長在臺灣省議會報告臺大校務（因其時臺大經費出自臺灣省政府），突發心臟病逝世。嗚呼！臺大改進之業方興，而遽失此導師，遂使校內校外之人無不痛惜！乃由全體師生葬之於校門左邊花園內，稱之為傅園。

一九五一年　民國四十年辛卯　五十一歲

(1)春，教務長錢君思亮任校長，劉君壽民任教務長，仍兼歷史系主任。

(2)傅君既歿，大一國文會與大一中國通史會即無形解散，不再開會。國文系諸教授亦漸擺脫大一國文課。歷史系纂輯中國通史參考資料之事亦停頓。不禁有人亡政息之歎。

(3)一月，琦女在一女中學期成績不及格，應降春季班，停學一學期，在家溫習。暑後復學，重讀初中一年級。七月，璇女在北師附小畢業。考取臺北市立第二女子中學初中一年級，遂於九月入該校肄業。

(4)同慶在教書期間常隨景芬往王家玩，得與其兄景韜相識，日久相愛。遂先徵得予等同意，而於四月六日結婚，住入圓山王府之大家庭內，吾家則為其娘家也。景韜生於民國十六年二月十八日，長同慶一歲。

(5)下半年，因學生人數太多，而授中國通史乙者僅予一人，故外文系一年級新生只讀西洋通史，免讀中國通史。予乃任法學院大一中國通史甲乙兩班（A班有法律、政治兩系新舊生百一十五人，B班有經濟系新舊生百四十一人），與歷史系二年級中國近代史（有本系學生二十二人。）

(6)秋，予患急性腸炎，住臺大醫院二週而愈。

一九五二年　民國四十一年壬辰　五十二歲

(1)上半年任課如前。下半年開中國通史甲乙兩班（A班有法律、政治二系新舊生百〇四人，B班有經濟系新舊生百三十七人），及歷史系二年級中國近代史，(有本系學生三十三人。）又為教育部委託代授寄讀生三十人，開中國外交史一年，每週二小時。

一九五三年　民國四十二年癸巳　五十三歲

(1)上半年任課如前。

(2)六月十三日，同慶生子大運。

(3)七月，予在臺大任教已滿七載，按例應享休假一年之權利，但因系主任之請求，近數年間皆放棄休假之機會。

(4)夏間，每晚到臺灣物產保險公司樓上講中國歷史之明清部分。此一中國歷史講演會由臺大歷史系教授分段講述，予任最後一段。此會由李君良榮主辦，聽講者為當時臺灣諸高級軍人。予約講三十餘次，每次二小時。

(5)九月，勞君貞一赴美，為哈佛大學訪問學人一年。予乃於下半年開中國通史甲與乙。通史甲（有文學院中文、歷史、哲學、考古四系新生五十人。）通史乙兩班（A班有法學院法律、政治兩系新舊生百四十一人，B班有經濟系新舊生百五十六人）。

(6)兼東吳大學法學院大一中國通史三小時。

(7)國立編繹館開始編輯高初中標準課本。請勞君貞一與予同編初中歷史：勞寫一至四本國史四本，予寫第五、六外國史二本。

一九五四年　民國四十三年甲午　五十四歲

(1)上半年任課如前。下半年開中國通史甲一班（有文學院四系新舊生七十四人），中國通史乙兩班（A班有法律、政治兩系新舊生百二十八人，B班有經濟系新舊生百一十八人。）又讓出中國近代史，改開明清史每週三小時（有本系學生二十七人）。

(2)三月二十六日，冷君容庵來函詢問明成祖生母事，四月四日答之（一九）。

⑶五月某日，繼母逝世。繼母生於清同治十三年甲戌（一八七四），享年八十一歲。

⑷八月，私立東海大學成立，借用劉君壽民為歷史系主任，劉之原缺由李君玄伯代理。

⑸琦璇二女皆畢初中業。參加中學聯考，皆錄取於一女中，遂於九月同入該校高中肄業。

⑹兼東吳大學法學院大一中國通史三小時。

⑺九、十月間，彝秉患腸胃炎，住臺大醫院治療，一月而愈。出院時體重銳減三分之一。調養多日，方克恢復。

⑻臺大醫院二等病房，一室限住二人。吾妻住院時，有師大體育系女生李秀芳者患十二指腸潰瘍，同住一室。李為越南僑生，又係初來，熟識者少，頗感寂寞。有時急需護士照顧，而按鈴無效。吾妻能行動，每下床為之服務，以解其急；並分贈食品，常與閒談以慰之。吾妻先出院，秀芳得知，要求做乾女兒，吾妻欣然允之。至今不僅秀芳稱乾媽，其二子緒光、緒昌亦稱吾妻為乾婆婆也。

一九五五年　民國四十四年乙未　五十五歲

⑴上半年任課如前。下半年開中國通史甲一班（有文學院四系新舊生百一十六人），中國通史乙一班（有法律系法學、司法兩組新舊生百八十八人。）政治經濟兩系大一中國通史改由別人講授。

⑵四月二十一日覆陳君萬鼐函，告以不能據讓氏家譜證明明惠帝出亡事之確鑿〔二〇〕。

⑶八月，劉君壽民回本系，仍任主任。

⑷兼東吳大學法學院中國通史三小時與中國近代史二小時。

⑸八月二十七日，同慶生女大明。

⑹民國三十四年十一月十五日，臺北帝國大學被接收而為國立臺灣大學，故以是日為臺大校慶。四十四年十一月十五日滿十週年，各學院有慶祝節目。文學院於十七日下午舉行專題討論會，題為「長城在國史中的地位」，有校外人參加。予講「明代的長城」〔二一〕。

⑺先是時堰鎮再淪陷後，朱洛與慕冰同攜炳燾逃難至江南常熟。彼等在其地原有田二十餘畝，售之，買人力車若干輛，賴出租其車以活。共軍渡江（一九四九）

後，車輛固不保，全家被迫返時堰。八月十日生女秋鳳。滿月後一日（九月十一），朱洛恐遭清算，自縊而死。慕冰遂留炳燾在時堰，住二叔家，上小學，繼習機器工人手藝。自攜女往瓦甸鄉朱埁村（今屬海安縣）落戶，參加集體農場勞動。直到民國七十年前後能通信時，方悉上述諸事，猶不敢直言朱洛之死為自殺也。慘哉！

一九五六年　民國四十五年丙申　五十六歲

(1)上半年任課如前。下半年開中國通史甲（有文學院四系大一新生九十一人），通史乙（有法律系法學、司法兩組大一新生百三十六人）。

(2)兼東吳大學法學院中國通史三小時，中國近代史二小時。

一九五七年　民國四十六年丁酉　五十七歲

(1)上半年任課如前。下半年開中國通史（有文學院各系大一新生九十八人），又開明清史（有歷史系各年級學生六十七人），完全擺脫法學院通史課，且僅授文學院課每週六小時。

(2)六月，琦璇皆畢高中業。參加大學聯考。琦取在臺大文學院考古人類學系，璇取在醫學院護理學系。九月入學。

(3)同時琦女有同班同學張琳者以第一志願考取臺大醫科。醫科學生照例先在校總區讀預科二年。校總區距吾家近，而張琳境況貧困，故吾妻除近數年來多方援助外，更於此二年間，令彼每日來吾家與予等同進午晚兩餐。

(4)秋，參與臺灣銀行經濟研究室編纂《臺灣文獻叢刊》工作。

一九五八年　民國四十七年戊戌　五十八歲

(1)上半年任課如前。下半年開中國通史（有文學院各系大一新生九十八人。）又開史部要籍解題每週三小時（有歷史系學生十人考古系學生一人）。

(2)五月二十九日，同慶生次子乘運。

(3)六月，玖女畢初中業。參加中學聯考，錄取在一女中高中，九月入學。璇女讀完臺大護理系一年級，轉入醫事技術系二級肄業。

(4)八月某日，吾父逝世（一一二二）。吾父生於清光緒二年丙子（一八七六），享年八十三歲。溯自民國三十七、八年時堰再度淪陷後，予等在臺，即與老家隔絕，直到七十年始通消息，驚悉堂上雙親先後棄世。烏乎！雙親在時，予等既未盡孝養之心，歿時又未克奔喪送終，哀哉！傷哉！

一九五九年　民國四十八年己亥　五十九歲

(1)上半年任課如前。

(2)一月，予所編《臺案彙錄甲集》出版。予為《臺灣文獻叢刊》點校、整理或新編之書共七十餘種，自民國四十七年二月開始出版。若依每書刊行年月一一繫之年譜，似嫌繁瑣，故只將新編者記於譜內。

又予所編《臺案彙錄》，自甲至辛凡八集，其下七集雖皆陸續刊出，不復詳列於此。

(3)四月，予所編《同治甲戌日兵侵臺始末》出版。六月，經予整理之《甲戌公牘抄存》出版（此書原為抄本，未刊行）。

(4)七月，予在臺大任教滿十三年，下年度休假一年。

(5)八月開始休假。休假期間，在予記憶中無事可記，幾成空白。乃翻檢舊存日記簿，僅得八月一個月之日記，細心閱之，仍有所悟。

(6)此月日記除記家務及與親友往還外，則為下列諸要項：（一）閱大學聯招歷史試卷，（二）校予為正中書局編師範外國史排稿，（三）又為正中審閱修改美洲版華僑小學歷史課本，（四）校閱編譯館標準本初中歷史修改重排稿，（五）點校或編纂臺灣文獻叢刊之書稿。凡此五項皆為教書正業外另自謀生之工作。

(7)再看此月經濟收支之簡單記載，則更足證有另自謀生之必要。按是月薪金除扣去所得稅與公保費外淨得一千〇二十五元。而此月額外工作所獲，如臺灣銀行稿費兩筆共一千七百二十元。正中小學課本審閱費六百元，大學聯考歷史命題費三百元，閱卷費六百九十五元等，總計三千三百二十五元，為臺大薪金之三倍而有餘。日記內雖未記逐日支出之生活費用，但亦載各處應酬送禮三百六十元，予製西裝褲一條三百四十元，吾妻左足被開水燙傷，醫治三週始愈，先後共支醫藥費八百元。以上三項已費千五百元，若再算水電僕工，全家伙食與五人零用，則更非額外收入不足應付矣！

(8)此僅就八月之資料作抽樣之分析，其他諸月又何嘗不如此？故推想此一年休假期間，只停授臺大課業，而以全力從事額外工作，積累自活之資。所幸工作甚多，如高普考特考之命題閱卷，國科會之審查獎助案，編譯館之修訂或重編歷史課本以及各機構送請審查之論文或著作，皆能不斷而至也。

一九六〇年　民國四十九年庚子　六十歲

⑴上半年仍在休假期中，七月底，休假期滿。下半年開歷史系大一中國通史（有學生四十一人），又開明清史（有本系與研究所學生四十人）。予甚喜講授本系大一新生之中國通史，因此科為學史者之基本功課，教師必須提綱挈領，說明歷代治亂興衰之故。且能隨時指出參考資料之出處，並給以各項基本之訓練。

⑵十月，經予整理並改善名之《臺灣番事、物產與商務》出版（此書原為抄本，未刊行）。

一九六一年　民國五十年辛丑　六十一歲

⑴上半年任課如前。下半年開本系大一中國通史（有學生四十八人），又開史部要籍解題（有本系及研究所學生二十一人）。

⑵六月，琦璇皆在臺大畢業，又皆請得獎學金，通過教育部留學考試，於九月出國。琦入賓州州立大學人類社會學研究所肄業，璇入華盛頓州州立大學微生物學

研究所肄業。

⑶六月，玖畢高中業。參加大學聯考，錄取在臺大農學院植物病蟲害學系。九月入學。

⑷暑假中，勞君貞一舉家移美，並自下半年起任教於美。勞君離職後，遺下彼所指導研究所碩士班之學生王曾才與鄭欽仁二人。因系主任之懇請，由予繼續指導，俾得完成學生之學業。

一九六二年　民國五十一年壬寅　六十二歲

⑴上半年任課如前。下半年開本系大一中國通史（有學生五十五人）。又開明清史（有本系學生七十七人）。

⑵歷史系考古系規定中國上古史為必修科，缺此四或六學分者不得畢業。此科原由李君玄伯講授，但今年因病不能開課，而歷史系有三人，考古系有四人皆為應屆畢業生，非讀此科不可。系主任商之於予。予不肯正式上課，只允指導學生閱讀上古史書，自作札記，每週在研究室會面一次，討論疑難之處，並按期考試。此為非正式之課業，不受薪酬也。

(3)八月，予新編之《明季荷蘭人侵據澎湖殘檔》出版。九月，予新編之《鄭氏史料初編》出版，其後又陸續印出續編與三編。

(4)從除夕與友人書中看本系此一學期之情況。李君玄伯生病，半年未上課。十月初，亞洲各國史學家在臺北開會，由張致遠教授主持一切，甚忙，無暇上課。會剛結束，又準備去巴黎參加聯合國文教組織大會。錢校長為中國代表團團長，張教授為出席代表，劉主任為顧問。彼等於十一月初出國。張劉兩君之課由學生看書寫報告，系務由予暫代。錢校長返校，張劉兩君則轉往美國。據說劉主任約於明年一月十日左右回臺。張君何日歸來，尚不可知。臺大自明日起放年假三天。假後上八天課，即停課溫習，舉行學期考試。

一九六三年　民國五十二年癸卯　六十三歲

(1)上半年任課如前。下半年開本系大一中國通史（有學生四十五人）。又開史部要籍解題（有本系與研究所學生二十七人）。

(2)夏，琦在賓大人類社會學研究所畢業，得碩士學位。暑假後開始修習該校大學部化學系課程。

(3)暑假中，劉君壽民辭系主任職，校方欲予繼之，予不肯就。終由余君又蓀繼任。

(4)溯自臺灣各大學實行聯合招生以來，幾乎每年由予為歷史科命題主持人，並多用予所擬之中外歷史試題。稍有差失，即遭考生或家長或社會輿論之指摘。故年年欲避開命題之事，而年年擺脫不掉。今年聯招會由師大校長杜元載任主任委員。七月二十九日來函，要求命題人解答試題中「先秦」二字，三十一日覆之（二三）。其後仍難擺脫，直到六十二年（時予已退休），方為最後一次之歷史科命題人也。

一九六四年　民國五十三年甲辰　六十四歲

(1)上半年任課如前。下半年開本系大一中國通史（有學生六十一人）。又開明清史（有本系與外系學生九十二人）。

(2)一月，予新編之《南明史料》出版。

(3)九月六日，琦與趙智結婚。智壻為浙江縉雲人，生於民國二十三年（一九三四）舊曆十一月初十日，亦在賓大礦冶研究所肄業。

一九六五年　民國五十四年乙巳　六十五歲

⑴上半年任課如前。下半年開本系大一中國通史（有學生四十四人）。又開史部要籍解題（有本系及研究所學生二十人）。

⑵四月二十七日，系主任余又蓀遭車禍逝世，由許君倬雲繼任。

⑶兼任輔仁大學歷史系大一中國通史三小時。

⑷玖在臺大畢業。請得威斯康辛州州立大學獎學金。九月赴美，入該校昆蟲學研究所肄業。

⑸十一月十五日為臺大二十週年校慶紀念日，文學院有講演會，講題為「臺灣」，予亦參加，講「臺灣史料舉隅」。

一九六六年　民國五十五年丙午　六十六歲

⑴上半年任課如前。

⑵六月，歷史系召開系務會議。系主任許君因學生中文程度欠佳，擬於本系增開大二國文。予以為本校大一國文，每年講授選定之教材，如孟子或史記若干篇。每學期只作文一兩次，又不批改。如此教法，毫無益處。本系若開大二國文，則非

每週作文不可，何人願任此課？予以為本系學生不必寫文言文，但應看得懂文言文。與其增開大二國文，不如開「通鑑導讀」每週三小時，一年可讀通鑑三四十卷。眾以為然。問誰先開此課？眾謂年資最深者先開，以後輪流擔任。故予於暑假後丟下本系大一中國通史而開史二通鑑導讀（有學生五十七人），又開明清史（有本系學生五十一人）。

⑶兼輔大歷史系明清史三小時。

⑷數年前，中華叢書委員會聘李君玄伯與予為正副主編，邀請多人為《資治通鑑》標點分段作今注。每卷注成，由主編校閱後付梓。今年自五月迄十月，《通鑑今注》十五冊全部出版。李君撰序文刊於卷首，並同列予名於序文之末，謂「方今注刊成之日，適恭逢總統蔣公七秩有慶，敬當野人之獻芹。」予不才，殊不欲附名同作獻芹之野人也。

⑸本系研究所增開博士班。逯君耀東入班肄業。

⑹今存民國五十五年下半年政大政治研究所博士班記分單一紙，知其時予曾兼任此班之課每週二小時，講授中國歷代政治制度史料。繆君全吉即在此班肄業，後又與王君雲五共同指導其論文「明代的胥吏」。繆君畢業後任教臺大政治系。

⑺因記繆君事，聯想到予自五十五年起即在政大政治研究所博士班兼課，可能到五十九年止。又在其間，與張君金鑑聯合指導張君治安之論文「明代的監察制度」。張君畢業後任教政大政治系。

⑻九月，智堉在賓大礦治研究所畢業，得博士學位。旋即獲得杜邦公司之職位，並遷居迪拉威州紐瓦克。琦亦轉入該州州立大學化學系肄業。

一九六七年　民國五十六年丁未　六十七歲

⑴上半年任課如前。

⑵夏，予在臺大歷史系任教又滿七年，照例於下年度休假一年。

⑶八月，予應私立東海大學之聘為歷史系客座教授，開明史與明史專題研究各三小時。東海學生人數少，除大一新生外，二、三、四年級學生皆可選讀明史，三、四年級學生學皆可選讀明史專題研究。

⑷仍兼輔大歷史系史部要籍解題三小時。

⑸琦女讀完迪州大學化學系課程，畢業。

⑹五月二十八日，外孫女趙霖出生。

(7)十月，許逖在《陽明》雜誌上對予講授明清史作誣衊性之攻訐，予為文記其事〔二四〕。

一九六八年　民國五十七年戊申　六十八歲

(1)上半年在東海大學任課如前。

(2)六月，玖女在威斯康辛大學昆蟲學研究所畢業，得碩士學位。璇女在華盛頓大學微生物學研究所畢業，得博士學位。

(3)六月二十九日，玖女在默迪孫與關正萬結婚。予偕彝秉於是月下旬飛美，參加婚禮。正萬堉原籍為廣東南海，民國二十六年（一九三七）三月三十日出生於香港。後在加拿大讀中學，又轉美國威斯康辛大學讀數學系。畢業後入該校數學研究所，又讀完博士班課程，通過總考，成為博士候選人。

(4)七月間，予偕妻往迪拉威州琦女家，由智堉與琦璇兩女導予夫婦漫遊華盛頓DC、紐約與東部諸名勝。十月初返臺。

(5)正萬堉於暑期後到奧須克須威斯康辛大學分校任數學講師。玖女同往，在一醫院中學習醫事技術。璇女接受馬丁公司之聘，在其巴的摩爾研究機構任職。

(6)暑後，休假期滿，回臺大歷史系開明清史（有學生二十七人），又開明史專題研究，每週二小時（有本系四年級與研究所學生二十人）。
(7)仍兼輔大歷史系史部要籍解題三小時。
(8)二月，外孫炳燾二十四歲，與時堰人馮淑嫻結婚。十月十七日生子朝紅。

一九六九年　民國五十八年己酉　六十九歲

(1)上半年任課如前。下半年開史部要籍解題（有本系學生十人），又開明清史料導讀二小時（有研究所學生二人）。
(2)仍兼輔大歷史系史部要籍解題三小時。
(3)璇因當初用交換護照赴美，畢業後只能留美一年。故於下半年由臺北國科會聘為客座副教授，在臺大醫學院醫事技術系任教。
(4)九月，琦入迪大教育研究所肄業。

一九七〇年　民國五十九年庚戌　七十歲

(1)上半年任課如前。下半年開明清史（有本系學生四十人），又開明清史專題討論每週二小時（有研究所學生二人）。

⑵仍兼輔大歷史系史部要籍解題三小時。

⑶六月，琦讀完迪大教育研究所教育課程，畢業，得教育學碩士。

⑷八月四日，炳熹次子朝暉出生。

⑸冬，正萬與玖開車自默迪孫返奧須克須，路面結冰難行，車滑覆道旁，二人昏迷，掛在安全帶上。別車之人為之叫救護車來解下送入醫院。正萬只受輕傷，玖則脊骨折斷。因治療得法，居然接好脊骨，休養半年而愈，真是大幸！

一九七一年　民國六十年辛亥　七十一歲

⑴上半年任課如前。下半年開史部要籍解題（有本系學生十五人），又開中國歷代地理每週三小時（有本系與研究所學生十人）。

⑵八月，琦開始任中學化學教員。

一九七二年　民國六十一年壬子　七十二歲

⑴上半年任課如前。

(2)二月十四日（舊曆壬子元旦），外孫女關玫出生。

(3)六月間，本系教員王曾才、陶晉生等七人反對系主任陳捷先，背後有有權力者予以支持，陳君被迫辭職。予頗感此種作風太不公道，憤而提早於八月一日申請退休，開始辦理退休手續。

(4)八月一日，開始寫退休日記。

(5)秋，璇應美北卡羅那州私立杜克大學微生物學系之聘來美為助教授，從愛姆士教授習免疫學。

(6)十二月一日，奉教育部核准退休，領到退休金臺幣二十三萬一千六百餘元。但此時予所指導歷史研究所博士班學生徐泓與何烈二君正在寫論文，每寫一章即送來批閱，故予一時不能離臺。

一九七三年　民國六十二年癸丑　七十三歲

(1)四月二日，參加早期中國與非洲關係第三次研討會（明代），予有講演〔二五〕。

(2)四月五日下午，參加外雙溪修禊雅集，日記上有短文記之〔二六〕。

⑶舊曆三月二十六日，妹壻武似哉卒於虎林，享年六十七。先是共產黨建國後，外甥女武克慈響應政府開發邊疆運動，自願移居黑龍江虎林縣任國小教員。旋與同往之顧灌夫（聖唐莊人）結婚，先後生二女，名葦，名紅，一子名強。又迎其父母到虎林奉養，而似哉不幸先卒。

⑷六月，琦任中學教員滿二年。九月，入迪大化學研究所肄業。

⑸七八月間，徐何二君論文完稿，先在本所舉行論文口試，繼於十月間經教育部考試通過，各得博士學位。徐君被留在本系任副教授。何君被臺中中興大學聘為歷史系副教授。

⑹徐何兩君既畢業，予之責任終了，遂於十月底偕妻赴美。是時正萬壻與玖女已遷來杜倫居住，因正萬數學論文當初估計錯誤，寫來寫去，達不到預期之結果，只得放棄前功，改入北卡州州立大學讀醫事工程學博士學位。玖女則在一醫院中任技術員以給家用。時外孫女關玫已一歲有半，故予等於十一月十八日即往其家照顧玫兒。

一九七四年　民國六十三年甲寅　七十四歲

⑴予與彝秉在玖女家住，正萬堉上學，玖女上班，予等看護玖兒。璇與李宣北小姐（在杜克大學數學研究所肄業）共住一公寓，璇平時常來共進晚餐。週末假日，又與玖同奉其母外出購物。生活相當平靜。予等曾於一月初同往黑堡汪榮祖、陸善儀夫婦家盤桓數日。彝秉曾於二月間獨往琦家過數日。六月初，予等又與璇、正萬往諾福克移民局為予二人辦妥綠卡。七月六日離杜倫，擬在琦家住月餘日返臺。此上半年之生活情況也。

⑵八月，璇向杜克大學請假一年，應西德洪寶特基金會之邀請，前往研究一年。

⑶七、八月間，予等自琦家先後訪問東部諸親友數處，正欲搭機返臺，不意玖女來電話，哭訴玖兒不肯入託兒所，要求予等再回杜倫看小孩。遂於月底回去。

⑷下半年，予等在玖女家，除看護小孩或外出遊覽數日外，所閱讀者只有中央日報海外版與聯合日報，以及高陽所撰清季歷史小說與零星雜誌。璇又離美赴西德進修，予等更少一去處。寂寞無聊之時，則以翻土種菜，用軋麵機製麵條與餃兒皮子以供食用。浪費大好光陰，至可惜也。

⑸此半年間最可恨者，則為趙家糾紛之害人。先是趙仁（趙智之弟）之家眷於夏秋間來美，繼則兩老亦於年底遷來，紛擾既多，齟齬自起。琦讀迪大化學研究所，原已念完博士班課程，但因此等擾害，放棄總考，未獲博士候選人資格，只得碩士學位結束其學業。

一九七五年　民國六十四年乙卯　七十五歲

⑴上半年在玖女家之生活情況，幾與去歲下半年完全相同。

⑵彞秉與妹宜男通信。先是彞秉之表兄朱戩宜之壻吳君錫九本其愛國熱忱偕妻麗中（戩宜之長女）自美回大陸，欲為祖國服務。其時大陸居民凡有親友僑居海外者皆不敢通信，恐為海外關係所累。錫九麗中則能與其在美之雙親信札往返而不遭阻礙。故在上年後數月間，麗中偶在家書內述及孫府之事。今年一月六日，又由麗中轉來宜男手書。驚悉岳父已於一九六一年二月二十日（舊曆正月初五）逝世，享年八十有一；岳母已於一九六九年二月二十一日（舊曆正月初六）逝世，享年八十有四。嗚呼！予等遠居海外，音信不通，既未侍奉湯藥，又未參與追思，哀哉！彞秉亦作短簡託戩宜兄附寄麗中轉交宜男，尚未能公然通信也。

⑶四月五日，蔣中正逝世於行憲後第五屆總統任上。巨星殞墜，人人悲哀，報端所載，閱不勝閱。予獨於四月九日日記上錄存中央日報所作臺灣學術界名人對蔣公哀傷之報導二則。一為史學家沈剛伯教授說：「打開報紙，我楞住了，半天都說不出話來！」一為國學大師毛子冰教授說：「知道總統去世的那一刻，我全身虛脫，有一分說不出的感覺！」

⑷六月三十日，予等離杜倫，來紐瓦克。

⑸七月四日，自巴的摩爾飛舊金山，住戩宜表兄家。六日搭乘中華班機，於七日晨安抵臺北寓所。

⑹下半年予等在臺北。初回去時，親友紛紛來訪，必須回候，並分贈小禮物。不久，過中秋節，互相送禮。繼而予過生日，又有應酬。足見在臺居住，亦難免於人事之紛擾。

⑺九月二十日，審查歷史系教授李君樹桐申請國科會學術獎助案，題為「唐代之軍事與馬」，未予通過〔二一七〕。

⑻十一、二月間，吾妻一面在永康街某君家中學做油條、燒餅、春捲皮、蟹殼黃與豆腐。一面在女青年會學裱褙。皆甚順利而成功。

一九七六年　民國六十五年丙辰　七十六歲

⑴上半年五個多月在臺北。初則過舊曆年，送禮賀歲，甚忙。元宵節後即逢吾妻之生日，又是一番酬酢。雖在百忙之中，吾妻不僅學裱褙，更自一月十一日起從金君勤伯學畫山水。予見其早晚伏案作畫，不僅佩其有毅力，更愛其上進心之濃！其作品雖係臨摹，而頗饒秀氣，為其師與慕陵靜農兩兄所稱賞。莊臺兩公且喜為之題畫也。

⑵予自去年返臺後，即陸續整理書籍。檢出多種送與雲五圖書館，以供眾覽。又分贈歷史系畢業諸同學在校任教者，以留紀念。

⑶時光容易，轉瞬又屆初夏，乃辦理出國手續，而於六月十八日偕妻飛美，先在琦女處小住。七月十一日往杜倫，住璇女新買之住宅內。

一九七七年　民國六十六年丁巳　七十七歲

⑴在杜倫住璇女家，所過寧靜而平淡之生活，全與去歲下半年相同，蓋已逐漸習慣，不感寂寞矣〔二八〕。

⑵六月間全家到東部旅行，在琦家小住數日，順訪諸親友。

⑶同月，同慶之長子大運在中正理工學院畢業，女大明在師大社會教育學系（英語為副系）畢業，任國中英語教員。

一九七八年　民國六十七年戊午　七十八歲

⑴一月迄十月，在杜倫住。生活情況與上年相同。

⑵璇在杜克大學已逾五載，久蟄思動，故自上半年起，即向各處申請新工作。七月中下旬，兩度與奧古斯塔之喬其亞州州立醫學院商洽，決定應聘為副教授，兼臨床免疫學實驗室主任。時璇正獲得衛生部批准其所請之三年研究計劃，可以帶到此醫學院去做，亦有光彩。遂於八至十三個月間售出杜倫之舊宅，買進奧古斯塔之新居。搬家。予等亦於十月十一日離杜倫，與璇同赴奧古斯塔布置新宅。更於十九日，三人同往琦家小住。予等於月底搭機返臺，璇回奧古斯塔就新職。

⑶返臺之後，應酬紛繁。在予等回去之前，住宅內外，雖曾打掃，但積垢太多，仍不乾淨，非再加掃除不可。故是年最後之二月間處理此等事非常忙碌。

一九七九年　民國六十八年己未　七十九歲

⑴上半年在臺居住，生活情況與過去多年大致相同。在舊曆年後，便又籌劃看守寓所與準備出國等事。

⑵五月間，彝秉之表侄朱道寧與其妻鄭淑書（即榴寶）搬入寓內，以便予等離臺後代管寓所。

⑶六月十四日，璇應臺北長庚醫院之請，來臺兩週，與該院高級人員晤談，並作講演。二十九日與予等同自臺北搭機飛舊金山，次日飛奧古斯塔，安抵寓內。

⑷下半年即在奧古斯塔璇女家住。生活平靜，不若在臺應酬之多，人事之繁。遂又整理花圃，植玫瑰三十餘株。更闢菜園，種瓜茄蔬菜十數種。又屢自臺北寄書來，故亦有書可讀。

⑸七月五日，到社會安全處辦理申請生活補助費用。經詳細詢問與審查後，允自本月起，每月給予二人生活補助費二百零八元，另又給本州醫藥保險卡各一，持此卡就醫，診金由公家代付。按當時法令，取得綠卡後即可申請補助費。予等以為此款屬濟貧性質，故未申請。今知所得稅中抽百分之七社會安全費為納稅人瞻養老年父母之用，故即申請此款。以前不但未領補助費，且須月納疾病保險費約八十

元。後又請得聯邦政府之醫藥保險卡，則全免醫藥之負擔矣。

(6)六月，正萬畢業，得博士學位。下半年續在杜克大學醫學院研究所進修。

(7)大陸淪陷後，予與王星賢兄音信不通者幾三十載。今年夏秋間，王國璋回鄉省親，予託其代訪星賢蹤跡。彼到北京後，晤及其襟兄袁君虹叟，偶爾談及尋訪星賢事。不意星賢一家即在京中住，且為袁君之好友，時相往來。遂與星賢又通音問，樂何如之！

(8)國璋過滬時，又因予之託與吾女慕冰晤面一次，親見其貧苦之狀，歸而告之於予。予夫婦暨琦璇玖聞之，皆欲陸續予以救濟。

(9)十一月八日，外孫女趙霏出生。論生日，遲予一天。論年歲，小霖霖十二歲。予等先期來琦家。產後，彝秉代琦管家務，主烹調。直到滿月後返奧古斯塔。

(10)十二月二十二日，玖女一家來看予等，車行五小時半，二十七日回杜倫。

一九八〇年　民國六十九年庚申　八十歲

(1)在奧古斯塔璇女家住。璇在醫學院工作。彝秉管家務，蒔花、種菜、寫字、作畫。予則讀書、剪報，助理庭園之事。又建綠屋，冬季可以養花。如此生活，皆已安之。

⑵四月五日，玖女一家自佳勃希爾來看予等，八日回去。玖女家原在杜倫，以距服務之醫院遠，故售其舊宅，另買新居於佳勃希爾。此地與杜倫、拉利相連，實為一城也。

⑶六月四日，由璇開車外出旅行。先到佳勃希爾玖女家。七日晚，予等攜玫兒同搭飛機飛費城轉琦女家。

⑷十日，由智堉開車載予與璇並霖玫二外孫女同遊紐約。（妻因足痛，未往。）先在華埠四五六餐館進午膳，繼到大都會博物館參觀中國古代青銅器及秦始皇驪山陵外發掘所得之陶人陶馬。約二小時而畢。智堉璇女各買英文本中國古代青銅器一厚冊而回。

⑸十三日，又由智堉開車，伴予與璇暨霖玫二孩往遊華盛頓ＤＣ。晨九時出發，十一時到達。先進午餐。餐後先看美術博物館，繼觀航空及太空博物館。又次訪自然歷史博物館。各館所藏事物之繁，令人目不暇給，且多為二十世紀之新知識，大可觀覽也。

⑹十四日，璇與玫搭機返佳勃希爾。十六日，璇又開車回家。予等直住到七月

五日始往玖女家。又住到八月三日方回奧古斯塔。

(7)九月十三日，彝秉搭機飛費城轉琦女家小住。二十二日為舊曆中秋節。智壻於節前赴大陸參與中美合辦之礦冶學會會議。在京時曾往芳嘉園代予拜候星賢兄。過滬時又與冰女晤面。因是日（舊曆八月二十五日）適逢岳丈百歲冥誕，接觸者多，未能多談。

(8)九月二十七日接吾妻手書，附詩一首，題為「庚申中秋有感」，語樸義真，感人甚深。爰為改易數字，遂成五言絕句二首。詩曰：

今夜團欒月，旅途只獨看。良人千里外，轉側夢難安。
回憶往年事，頓如冰雪寒。悲懷難自抑，何日淚痕乾！

十月十八日，彝秉搭機回奧古斯塔。

(9)九月二十八日，大運與鄭麗卿結婚。

(10)十一月七日，為予八十歲生日，正萬壻與玖女同攜玫兒來祝壽，九日回去。黎烈文夫人許粵華嫂與其壻楊文建女慰之同住阿特蘭他，皆來參與壽宴。

⑾十二月二十四日，玖女一家開車來。二十六日，琦攜霖霏乘飛機來。二十七日，正萬玖女同攜玫兒霖霖，開車往遊佛羅里達，三十一日回到此間。新年一月二日，玖女一家開車回去。四日，琦攜霖霏搭機飛費城，轉紐瓦克。

一九八一年　民國七十年辛酉　八十一歲

⑴在奧古斯塔璇女家住。生活情況與前相同。居住稍久，與此間中國人家逐漸相識，頗有來往，故亦不感寂寞也。

⑵三月二十九日，大明與段伴虬結婚。其時伴虬已在中正理工學院畢業，又在清華大學動力機械研究所肄業。

⑶四月二十三日下午予等到當地法院參與宣誓入籍儀式。由法官按名發給公民證書。

⑷由癌症協會提議，經衛生部核准，資助璇女往訪上海醫學界。璇於五月九日動身，十日抵滬。在第二醫學院工作一月，時作講演，並參觀其他醫藥機構。六月八日回美。璇到上海，住錦江旅舍，往拜謁玄舅與台、冊、永三阿姨，彼等亦各招飲賜宴。炳燾又奉其母赴滬與璇相晤。訪問之事既畢，二醫派員陪璇往遊杭州西

湖，以為酬謝，遂使璇女腦海中永存湖光山色也。

⑸五月二十三日，玖女一家開車來看予等，二十五日回去。

⑹七月十一日，彝秉終日作畫，繪成山水一幅，予用畫中口吻為之題曰：「水碧山青夕照斜，白雲深處有人家。晚年識得閒中趣，策杖溪頭看暮鴉。」

⑺八月二日，予等由璇送半程、正萬接半程到玖女家住。八日，智琦一家亦開旅行大車來接予等。九日，予等與玫兒及智琦一家同乘大車到紐瓦克。二十三日，正萬玖女開車到琦家，次日攜玫兒北返（玫兒曾與霖霏隨智琦同往緬因州旅行）。二十七日，彝秉自費城飛舊金山，在戩宜表兄家過一宿。二十九日搭機飛上海。予於是日飛拉利，到玖女家。九月六日，予由正萬送半程、璇女接半程回到奧古斯塔。彝秉於十月二十四日離滬，同日到舊金山，二十五日飛阿特蘭他，轉奧古斯塔，安抵寓內。到家時，神采奕奕，對此長途旅行相當滿意。

⑻自大陸淪陷後，彝秉與母家相隔已二十餘載。此次回國，不僅與滬上玄弟、㕣、冊、永三妹暨諸親友相晤，並在弟妹家各住數日，藉溫手足之情。又與冰女及炳燾、秋鳳聚首數日（彼等來滬相會），又往京師看攀星扐妹，並訪星賢兄嫂與效實、澹君伉儷，皆足慰多年渴念之懷。又赴杭掃墓，為其母立衣冠冢於先尊墓側

（因母墳已被掘去），得稍解平日寢食難安之憾也。

⑼霖於夏間讀完八年級，九月入一教會中學讀九年級。

⑽十一月二十五日，正萬玖女同攜玫兒開車來看予等，二十八日回去。

一九八二年　民國七十一年壬戌　八十二歲

⑴在奧古斯塔璇女家住。生活情況如前。

⑵四月十八日，吾妻搭機往琦家小住半月，五月三日搭機回來。

⑶秋鳳先於上年冬與海安縣白甸鄉施溪村人劉寶平結婚，二人皆曾讀初級小學，識字，能看信，不能寫信。成年五月七日生女愛梅。

⑷伴虬在清大研究所畢業，得碩士學位。回母校任教。

⑸夏，正萬應德州州立大學聖安東尼奧分校數學系之聘為助教授，乃售去佳勃希爾之住宅，買進聖安東尼奧之新居，搬家，八月就新職，玖亦得一技術員之工作。玫兒則轉入當地小學肄業。

⑹十二月六日閱完松菁所著《紅樓夢人物論》。不知松菁是何許人。此書為臺北新興書局民國五十五年一月新一版，全書三百二十五頁，約十五、六萬字。此書

剖析入微，能道出紅樓夢作者寫作之美。此書對紅樓夢人物之觀點皆甚正確，文筆亦佳。往日雖屢讀紅樓夢，而無此深入之領會，今閱此書，啟發不少。

(7)十二月三十日，智琦一家四口與其友林康一家大小六口，各開大車到佛羅里達旅行，歸途來此過宿，次日午飯後開車回紐瓦克。

一九八三年　民國七十二年癸亥　八十三歲

(1)在奧古斯塔璇女家住，生活情況如前。

(2)自一月十八日起讀明史，九月三十日完畢。有讀明史箚記百七十餘則。予在參加編纂中國通史參考資料明史部分之前讀明史一遍。將開明清史課之前讀第二遍。今為第三遍。至於平日講課撰文，隨時翻閱明史者則不勝數矣。

(3)二月一日同慶退休。按彼任國小教員二十九年八個月，又曾在北師專夜間部畢業。因其家人人有工作，而景韜之尊翁八十餘，大運之女才數歲無人照顧，故提早退休，領月退休薪。

(4)二月十三日為舊曆癸亥元旦。傍晚，全家同往中華公所參加舊曆新年餐會。餐畢，由主席致開會辭。次由周君喬治讀予所撰癸亥元旦講演之英文譯稿。又由胡夫人琳以廣東音讀中文原稿一遍。繼則討論會務。最後有餘興，由男女九人合唱「草原情歌」與「恭喜恭喜」。九時許散〔二九〕。

⑸三月七日，開始讀香港刊行中譯大字本聖經。六月三十日讀畢，其教義與予格格不相入。

⑹七月二十八日，玖自聖安東尼奧搭機來奧古斯塔。次日，璇玖開車同出旅行。先到杜倫，繼入煙山遊玩數日。時玫兒在外參加夏令營，待其期滿，於八月七日接彼同返奧古斯塔。十一日，母女搭機回家。

⑺玄弟奉派往歐美考察。先到歐洲，繼來美國。在美週遊已畢，到紐約休息。玄弟向考察團請假數日，八月四日飛來奧古斯塔與予等晤面。璇、玖、玫兒亦於七日回，晤聚兩天。九日玄弟飛回紐約，然後返國。

⑻在正萬玖女移居德州之初三年間，予等曾兩往其家小住月餘日。大約在民國七十三年冬春之際，一日，聖安東尼奧忽降大雪。而玖女在臺大之同班同學賴瑞惠小姐適與弟同奉其母來此辦事。事畢順訪玖家。得與予等相晤。遂由正萬玖女在北京樓設宴招待。餐後不肯留住，開車回洛杉磯。

一九八四年　民國七十三年甲子　八十四歲

⑴在奧古斯塔璇女家住，生活情況如前。但因璇受腎臟外科醫生韓福瑞之欺侮，職位動搖，引起全家三人精神之不安。

⑵三月一日（舊曆正月十七日），大運之女作慈出生。

⑶五月四日，讀過徐泓同學所撰〈北京行部考〉後，作一短簡與之，讚賞其文內容充實，有功力。

⑷璇在此間醫學院服務已滿六年，屢次申請長期聘約皆為韓某所阻。今年六月發聘，且公然宣布此為最後一次聘約，期滿不再續聘。韓某何以不滿於璇而必欲去之？按醫學正理，人體器官移殖，授受雙方，皆需先作檢驗；合適則移，不合適則不移。韓某自以為是，不守此一原則。璇則循規行事，不稍含糊，彼此遂生齟齬。此其一。韓某又欲作研究，撰論文，但無暇亦無能作實驗，乃藉合作之名，欲璇主實驗之事，彼則坐享其成。璇當然不負此舍己耘人之義務。此其二。有此二因，故難相容。

⑸同慶之次子乘運先於一九八二年九月入私立中學工專肄業。時彼已在臺北電信局服務，故在在學期間，白天上班，晚間就讀，雖甚辛苦，終於今年六月畢業。

(6)八月十三日，閱完汪榮祖同學增訂本《陳寅恪傳》。評曰：汪君新寫之史家《陳寅恪傳》增加資料甚多。且此等資料，一部分係彼於一九八一年遊大陸時親訪陳氏家屬、親友、學生，從諸人口述而得者，故其真實性頗高。此傳不僅敘陳氏家世與生平至為詳盡，尤以評介陳氏之學術成就為最細緻而中肯。

(7)十二月三日，閱嚴耕望著《治史經驗談》。此書包容許多寶貴之讀書經驗，所舉之例尤為切實，史學系大一學生皆應閱讀。

(8)十二月十二日，閱《古籍導讀》。此書為屈翼鵬兄在臺大國文系授課之講義，於中國學術之分類與源流、古籍之版本與真偽，皆有簡明之敘述。又作經部八種書之解題，列於下編，尤有啟蒙導讀之功也。此冊為翼鵬惠贈之書，扉頁有其親筆題字。今讀此書，念其謝世已六年，不禁悵然！

一九八五年　民國七十四年乙丑　八十五歲

(1)在奧古斯塔璇女家住。生活雖仍如前，精神上頗感憤激而不安。

(2)璇自去年暑後起，即開始向各處申請工作，有給回音者，有不給回音者。商談之際，有一談而罷者，有經二三次晤談而終不成者。迄今年六月間，只在聖安東尼奧有二機會可以選擇。一為德克薩斯州州立大學聖安東尼奧分校醫學院新聘之腎臟外科醫生華裔林女士擬重建器官移殖實驗室，須聘一有資歷之主管人。一為原在該醫學院供職之腎臟外科醫生某君與其實驗室主任抱拉女士一同脫離醫學院。外科醫生投入當地另一大醫院新闢腎臟移殖部門。抱拉則與此外科醫生生及另一內科醫生三人合脫新開一檢驗公司以謀利。抱拉出身杜克大學醫學院，與璇相識，故聘以相助。璇恐林醫生一時站不穩而致失敗（其後果然不行），故舍醫學院而應公司之聘。選擇既定，即出售奧古斯塔之寓所，新買聖安東尼奧之住宅。於六月中旬搬家。予等隨璇開車南來。僅在玖女家住二三日，便入新宅自開伙食。下半年在聖安東尼奧璇女家住，暫得安身之處。

(3)正萬堉在聖安東尼奧州立大學分校教書已滿三年，覺其待遇低，又無研究環境，將來不能獲得永久聘約，仍難久留。故決意早離學校，另在工商界覓得新工作。彼等住宅相當大，原恐不易售出，不意夏間竟告脫手。但玫兒尚讀初中，明夏方可告一段落，故決定正萬先往北方就新職，玖與玫留此賃屋居住，明夏全部北遷。

(4)霖於夏間讀完十二年級，高中畢業。九月，入費城傑弗孫六年制醫學院肄業；先讀預科二年，繼續本科四年。

(5)九月十一日，抱拉突改璇之職稱。先是外科醫生有公事函璇，璇復之，稿交秘書打字，秘書稱其職銜為助理主任。璇甚異之，詢其故，謂承抱拉之命。又詢抱拉，謂承董事會之意。璇按聘約上載明主任，而竟改變，難與理論，只得懇其改稱副主任，幸蒙恩准。予夫婦回憶璇自一九六一年來美留學，在華大愛文思教授指導下七年，先得碩士學位，後得博士學位。越四載，又在杜克大學愛姆士教授指導下五年，得通免疫學。璇之學業得有寸進，皆兩公訓誨之功。迨入世任事，則初遭韓某之欺凌，繼墮抱拉之陷阱，忍辱含羞，無如之何！噫！世途巇嶮，淳風無存矣！

一九八六年　民國七十五年丙寅　八十六歲

(1)在聖安東尼奧璇女家住，生活雖仍如前，而精神殊感不安。

(2)二月十六日，偕妻飛達拉斯，轉機飛洛杉磯，國璋開車來接往其聖迪亞哥家中。休息一天。十八日由國璋夫人開車，導往海岸觀海。舉目西望，片片海浪潔白如雪，不斷沖向海岸。且有海濤之聲不絕於耳。而海鷗飛翔，更覺點綴如畫。猶憶東坡詞云：「亂石橫空，驚濤拍岸，捲起千堆雪」，不啻為此地此時寫照也。

⑶予等在國璋家盤桓五天，又由國璋開車送往洛杉磯機場，搭華航班機於二十二日臺北時間下午十點安抵臺北寓內。

⑷在臺三月，有三事可記。一為整理寓內書籍，選出多種寄美應用。二為三月十二日，右足被熱水燙傷，治療月餘而愈。三為孫鐵剛、彭先進兩同學導予夫婦遊日月潭，得償多年宿願。餘為各方面之應酬。尤以予在臺大政大教過之同學今任各校教授者先後邀宴，以表尊師之意，則愧不敢當。五月中旬，仍搭華航班機返洛杉磯，轉機飛回聖安東尼奧。

⑸六月三十日，年妹逝世，享年八十有二。吾妹一生勞苦，晚年猶離鄉里，遠趨荒寒之區，與似哉同葬於虎林。哀哉！

⑹抱拉大權在握，對璇頻施壓力，璇皆忍受，不與之抗。然抱拉常濫用公款以自利，內外二科醫生甚知其惡，遂於三月斷然擠之去。自四月起，與璇改訂合約，增其薪金幾達一倍，委以管理實驗室之全權。當公司發生內訌，抱拉地位動搖時，璇方同情於抱拉，恐抱拉一倒；璇亦隨之而倒。孰知有此轉變，精神上免受抱拉之壓迫，真是意外之幸運。

⑺先是一九八四年九月大運入中正理工學院研究所進修，今年七月畢業，得碩

士學位，分發到中山科學院服務。

⑻暑假中，玖兒讀完第八年級，即離聖安東尼奧入密歇根之夏令營。玖於七月初先往敘拉克斯與正萬一同訂購住宅。又在八月間招搬運公司運去家具、衣物、而於八月十五日搭機飛敘拉克斯，住入新宅後，再往密歇根接回玖兒。玖於九月初入其新居附近之高中肄業讀九至十二年級。全家又開始過安定之生活。

⑼八月二十日，予偕妻搭機飛費城，轉琦女家。直住到九月底回來。

⑽十一月十五日，臺大寄來名譽教授證書一紙，聘予為歷史系名譽教授。據說：名譽教授係由本系教員選舉產生。

一九八七年　民國七十六年丁卯　八十七歲

⑴在聖安東尼奧璇女家住，生活如前，心情復安。

⑵四月十八日，琦攜霖霏搭機來看予等，二十五日搭機回去。

⑶四月二日閱《秦集史》九表百餘頁。全書共千〇四十三頁，讀畢。上月三十日與徐泓同學函中曾論及此書之內容曰：「馬君所撰《秦集史》雖係摘錄諸書文字而成，然取材範圍甚廣，考訂又多，更增入近年地下發掘之新資料，俱見作者功力

之厚」。

⑷六月三日，玖女搭機來看予等，八日搭機回去。

⑸北鄰斯克拉德君（Mr. Schrader）有女友，每週五晚間開車來，或相偕出遊，或在寓伴守，越兩宿而去。一年四季，從未間斷。用以女友口吻，戲作竹枝詞八首，記其兩情繾之深〔三〇〕。

⑹七月十日晚，在電視前看陸光戲社演天女散花，雖近在咫尺而字幕看不清楚。回憶民國九年初入大學時，在北京常觀梅蘭芳所演國劇，天女散花即為其一。彼時演此劇者固非今之演者所可比，而彼時之我亦林今日之我所可比。嗟夫！時光易逝，人壽幾何，不禁感慨係之。

⑺八月十八日，予偕妻搭機飛費城，轉琦女家。九月三日，搭機飛敘拉克斯，到玖女家住。月底又搭機回琦女家。十月十四日由費城搭機回聖安東尼奧。

⑻匹茨堡之阿里蓋里醫院擬建一器官移殖實驗室，欲覓一有資歷者主其事。八月初，該院打電話與璇，邀彼前往參觀醫院之情況。璇於往訪後印像頗佳。繼續商討數次，即於九月間簽約，約定一九八八年一月就職。璇遂向公司請辭，而於十一月底離職。更於其間售出聖安東尼奧之住宅，買進匹茨堡之寓所。予等則先赴琦女

家住數日，待璇辦妥搬家之事，於十二月十二日同來匹茨堡寓所居住。

一九八八年　民國七十七年戊辰　八十八歲

⑴在匹茨堡璇女家住，仍過平淡簡樸之生活，但以居處環境至佳，身心較為舒適。

⑵一月四日，璇到阿里蓋里綜合醫院正式上班。先著手佈置實驗室，安排新購各項儀器，訓練新聘技術員。約在三個月後，諸事完成。實驗室即開始工作。

⑶五月八日，吾妻搭機飛舊金山，轉機飛上海。曾到武漢一遊，訪晤翁鏡表弟。六月二十二日與冊妹一同飛美。二十五日安返匹茨堡寓內。

⑷六月二十一日，統計臺北寓內殘存之書尚有三千〇八十八冊，其中有線裝書一千一百三十九冊，精裝書四百四十六冊，平裝書一千五百〇二冊。另有雜誌二百六十七冊（凡成一卷者皆以一冊計。又如今日郵政之類未計在內）。客廳壁櫥內尚有日文書三、四百冊亦未計入。

⑸八月二十六日，智琦一家開車來。次日正萬玖女亦攜玫兒開車來。三家團聚，同為老母補祝成年八十大慶。當晚六時開始晚宴，菜餚甚豐，飲壽酒，吃壽

麵，至為歡樂。宴畢，老小十人同到後院合攝一影，又在前院散照多張。又在琦、璇、玖預先布置之蛋糕上燃小燭八支，然後邀予與壽星入室，同唱生日快樂歌，又由霖、玫、霏三孩獻祝壽卡及賀儀各十元。最後由壽星親手切蛋糕，分與大家食之。又依傳統規矩「散福」，賜三小孩紅包各一個，每個五十元。今晚一切祝壽活動，皆由智壻以電影照像機照下，並即在電視機上放出，繪影繪聲，復看一遍。今之科學真神奇也！二十九日，琦、玖兩家開車回去。

(6)先是家庭醫生發現彝秉有膽結石病。到醫院檢查，果然。遂於九月二十九日住入阿里蓋里醫院。次日開刀，割除膽囊，經過良好，住院期內，璇隨時可以照料，予則於每晚與璇同往陪伴二三小時，助其下床行動。十月六日，玖女飛來侍奉。八日出院，回家休養。十二日，玖女搭機回去。十三日周克音小姐自奧古斯塔搭機來繼續照料彝秉。因璇女於十五日外出開會，二十日始回也。二十四日，周小姐搭機回去。

(7)十月十六日，閱許倬雲學弟所撰《求古篇》，在前言中看到「二十年中也有幾次頻遭橫逆，不論攻訐者動機如何，終究在批評中讓我知道許多自己的毛病，而這些毛病，往往是師友們因愛護之故而不忍指摘的。因此我受惠於橫逆之處竟不下於師友之教益」一段文辭，甚佩倬雲學弟胸襟之開闊，自愧不如，因許逖對予作誣衊性之攻訐，予至今猶未釋懷也。

(8)十二月間，每日皆讀史記。每讀一篇，皆有劄記寫在當日日記內。

(9)同月二十四日，乘運與朱愛玲結婚。

一九八九年　民國七十八年己巳　八十九歲

(1)在匹茨堡璇女家住（此為第二年），生活如前。

(2)自二月起讀漢書，偶有札記。又或與史記對看，藉明馬班異同之故。

(3)三月十五日，閱世界日報載雷震日記摘錄。知雷震不贊成蔣介石三次連任總統。又知自民國四十二年第二次國民大會起，發給出席代表出席費。更知雷震是國大代表，但未出席此次國民大會，未領出席費，未往投三次連任總統之一票。按雷震雖為國民黨黨員，且忠於黨，卻因堅持公道，守正不阿，遂被扣上紅帽子，在監獄中度其餘年。唉！

(4)一月十八日，偕妻搭機飛費城，轉琦女家住。待彝秉修牙事畢，同於三月十八日自費城搭機回匹茨堡。

(5)四月十五日，又偕妻飛敘拉克斯，在玖女家小住，於五月三日搭機回匹茨。

(6)五月二十九日，彝秉自匹茨堡搭機飛洛杉磯，住其友俞巾鐸處。六月一日，彝秉搭星航班機赴臺，三日晚安抵臺北寓所。在臺四週，訪國璋往與晤面。二日，晤諸親友，檢視寓內書籍衣物，並囑道寧夫婦準備遷出，以便交還宿舍。二十八日飛回洛杉磯，國璋去接往其家盤桓數日，於七月四日飛匹茨堡。

(7)予等先與智琦女約定同出旅行。八月二十五日，智琦攜霏霏開車抵此，予等即由璇開車隨往伊黎湖。當晚到達，住入旅舍。伊黎為五大湖之一，有半島伸入湖之東南部，隔成內外二部分。半島與內湖沿岸闢為州立公園，供人遊覽。次日上午，予等先坐車中繞行半島一週，略觀景色。半島西北瀕外湖，一片汪洋，不知其極。沿岸有湖灘十一，予等在最大一沙灘上坐看湖中波浪，其情況與數年前在聖迪亞哥坐太平洋邊觀海相同。又次日上午，予等在半島行人道上漫步。道旁古木參天，濃蔭蔽日，偶聞鳥語與野花之芳香，令人有身在仙境之感。兩日下午，予等皆午睡休息，彼等則各自活動。智琦與霏霏在湖灣沿岸垂釣，霏霏居然釣得大魚一尾，晚間烹以佐酒，其味鮮美。二十八日上午，開車回匹茨堡。翌晨，智琦攜霏霏開車回家。

(8)炳燾之長子朝紅先於一九八六年夏在時堰中學高中畢業，同時考入南京機械專科學校，三年畢業。今年八月，分發到泰州林業機械廠設計科工作。

(9)先是臺大總務處因予夫婦數年未在臺北住，向予索還配住之宿舍。予亦以既不在臺北住而猶保有宿舍，心實不安，故即允之，以便後來者多一配給居住之機會。幸在今冬十一、二月間，承鄭欽仁學弟之介紹，將寓內殘存之書售與臺北某一學術機構。又承多年為予看守宿舍之朱道寧夫婦繼即遷出。故得順利交還曾住三十餘年之溫州街十八巷一號宿舍與臺大總務處。

一九九〇年　民國七十九年庚午　九十歲

(1)在匹茨堡璇女家住，（此為第三年），生活如前。

(2)上半年，由同慶將建功兄曩存予寓後被靜農借用之平裝本《四部叢刊》全部陸續由郵寄美。（此書存臺府數年被遺失第十一冊一本，遂致不全，至可惜也！）又託內弟玄代購中華書局印行之標點本《二十五史》（無《新元史》，有《清史稿》），並其他多種新出之書，陸續由郵寄來。寄書購書之費，則以臺北售書之款抵用。故此間寓內，又是圖書滿架，而予猶能坐擁書城也。

⑶五月三日讀完《漢書》。四日開始讀《後漢書》。

⑷二十三日，予等一家與周克音小姐一同開車外出旅行。先經伊黎半島過一宿。次日入加拿大，遊覽瀑布區。二十六日返匹茨堡。為文記之〔三一〕。

⑸六月間，關玫萊以第一名畢高中業。暑假後入康乃爾大學生物學系肄業。

⑹六月二十三日，《後漢書》讀畢，二十四日開始讀《三國志》。

⑺二十九日，正萬婿玖女同攜玫兒開車來。三十日中午，智壻由巴西飛紐約，轉機來匹茨堡。下午，琦與霖霏開車來。彝秉之小妹永亦正在此。琦玖兩家皆為提早慶予九秩壽辰而來。當晚先在前院攝影多幀以留紀念，並到餐館開壽筵，飲壽酒，吃壽麵。今藉祝壽之名，三家團聚一次，真是不易。七月一日，正萬一家開車回去。二日，智琦一家開車回去。

⑻七月二十二日，《三國志》讀畢。次日開始讀《晉書》。

⑼炳燾之次子朝暉先於上午夏在時堰中學高中畢業，候到今年九月，配得時中職員位置，開始服務。

⑽十月十三日，承各地及此間諸友提早為予慶祝九十歲。予於傍晚偕妻及璇同往芷園赴壽宴。諸位做主人者已先到。計有許倬雲、孫曼麗夫婦，孫筑瑾、孫寧瑜

姊妹，吳子建、任長正夫婦，謝庭柏夫婦，此八位皆住在匹茨堡。遠道來者有徐泓學弟自臺北來，王國璋老弟自聖迪亞哥來，汪榮祖、陸善儀夫婦自凡幾尼亞黑堡來，黃培學弟自揚斯洞（Youngstown）來。徐泓學弟又攜來臺大、政大、中研院史語所、近史所、清大、輔大諸學弟簽名祝壽之方幅紅錦緞暨百壽圖一長軸（以臺幣五千元請中文系陳君瑞庚書之，以五百元裱成條幅）。今晚參與壽宴者亦簽名於紅錦緞上。

群賢既集，遂開壽筵二桌。先由許倬雲學弟致辭，繼則攝影敬酒。予亦偕老妻並璇回敬，並致謝意。壽筵安排在一房間內，此間除二圓桌外，又放二長案。有一對美國中年父母率一群約十三、四歲之男女小孩來開晚宴，為其十三歲之女孩慶祝生日。迨彼等知此兩桌係為慶祝予之生日，遂由彼方小壽星來與予握手道賀，並由彼之全體客人繞予四週同唱生日快樂歌而去。此又今晚祝壽節目之有趣插曲。又凡未能親臨祝壽之同學，如在臺之陳捷先與阮芝生，在美之陳博中與花俊雄等君，或寄賀卡，或送壽禮，盛意殷勤，皆可感也。

⑾臺大歷史系學報以第十七期為「慶祝夏德儀教授九秩華誕論文集」，於十月出版。

⑿十月八日讀完《晉書》，當晚即開始讀《宋書》。十一月十六日，《宋書》讀完。十七日開始讀《南齊書》。二十七日讀完《南齊書》，次日開始讀《梁書》。十二月四日《梁書》讀完，開始讀《陳書》。八日《陳書》讀完，二十三日開始讀《南史》。

一九九一年　民國八十年辛未　九十一歲

⑴在匹茨堡璇女家住（此為第四年），生活如前。

⑵一月十五日，《南史》讀完。十六日開始讀《魏書》。因整理集郵簿，停讀月餘日。三月十一日續讀《魏書》，二十三日讀完。二十四日開始讀《北齊書》，四月三日讀完。四日開始讀《周書》，十四日讀畢。十五日開始讀《隋書》，五月十日讀畢。十一日開始讀《北史》，六月六日讀完。

⑶四月二十五日，璇與其友周克音小姐開車同奉予夫婦外出旅行。當晚抵西凡幾尼亞州之鹿地村，住入家庭旅館，飲酒吃晚飯。次日，開車出遊。先經達維斯小鎮，往觀黑水瀑布（Blackwater Falls）。瀑布在州立公園中。予等停車半山，步行往瀑布處。行人道有如中國昔時之棧道，傍山而下。瀑布寬逾百尺，水花四濺，聲

聞數里，其形狀有如諾阿格拉大瀑布，只是規模較小耳。觀畢拾級而上，數之，凡二百三十餘級，抵停車處。又乘車到公園其他地方觀覽而返。又次日，仍入公園遊觀昨日未到之處。常在樹林中見幼鹿自由活動，見人並不畏避。遊畢出園，在達維斯鎮先看一售手工藝品之店，次看一藝術品社，最後看一畫廊與禮品店而回。原擬在鹿地村池塘邊垂釣，因天雨而止。二十八日驅車返匹茨堡。此行甚為平靜而愉快。

(4)六月六日，全家三人搭機飛費城，轉琦女家。玖女一家已先到，住旅館內。翌晨，三家同赴費城參加霖霖畢業典禮。禮畢吃午餐後回紐瓦克。當晚由智琦設宴招待賀客。七日，正萬壻玖女與玫兒開車回去。八日，予等亦由費城搭機回匹茨堡。

(5)七月一日，霖入紐約西奈山醫院為住院醫師，接受外科專業訓練。

(6)七月八日開始讀《舊唐書》，二十四日讀畢。二十八日開始讀《新唐書》，九月二十二日讀完。

(7)先是伴虬於一九八八年來美進修，在拉利北卡州州立大學機械航空研究所肄業。今夏，大明奉其父母來美探親，先到拉利小住，繼由伴虬大明於七月十八日開車與景韜同慶來看予等。其間往觀諾阿格拉大瀑布三天。月底乘機回臺。伴虬大明亦於八月二日開車回拉利。大明請假半年留美，待伴虬年底學成，得博士學位後相偕返臺，大明續在國中任教，伴虬仍回母校服務。

(8)九月二十二日開始讀《舊五代史》，十月十二日讀畢。十三日開始讀《新五代史》，二十二日讀畢。

(9)十月二十三日開始讀《宋史》。《宋史》卷帙大，共四百九十六卷。預計三個月讀畢。其後雖因病輟讀數日，仍於翌年一月二十五日讀完。

⑽十二月六日，住入西賓醫院，由林醫生為予施行修整攝護腺手術，半身麻醉，不及一小時完成，經過良好。療養三天，於九日出院，回家休養。

一九九二年　民國八十一年壬申　九十二歲

(1)在匹茨堡璇女家住（此為第五年），生活如前。

(2)一月二十六日開始讀《遼史》，二月四日讀畢。五日開始讀《金史》，二月十七日讀畢。讀史之事因病暫停二月。四月十五日開始讀《元史》，五月十日讀完。

(3)《明史》讀過三遍。《明通鑑》與《明史紀事本末》亦各閱過一遍。故不再讀《明史》。五月十一日開始讀《清史稿》，八月十二日讀完。

(4)予自一九八八年十二月讀《史記》起，迄一九九二年八月讀完《清史稿》止，約經三年有半，讀二十五史一遍。其後即就《四部叢刊初編》依次閱讀，不復瑣瑣記之。夫以衰朽之年，尚能縱覽群籍，豈不樂哉！

(5)炳燾年輕時曾入時堰油廠做機器學徒。後任時堰磚瓦廠機械管理多年。一九八八迄九〇年間又曾參加鹽城職業大學機械大專班學習機械設計與製造。故今年十一月取得鹽城市職稱小組考核合格，批准為機械工程師。

一九九三年　民國八十二年癸酉　九十三歲

(1)在匹茨堡璇女家住（此為第六年），生活如前。

(2)一月一日，智壻琦女同攜霏霏開車來看予等。路過蘭克斯特，順訪翁慰慈太乾娘，俾予等知其近況。二日留一天，三日開車回去。

(3)同月十日，冰女之長孫朝紅在泰州與江亞忠結婚，九月八日生子鵬，冰女之曾孫。

(4)三月七日，從舊篋中取出曩在大學最後時期所譯《歐洲上古史稿》二冊。每頁皆遭蟲蝕，多處看不清楚，非重加整理，不可保存。又閱譯文尚順暢，無晦澀不達意之病。故決定重錄一份。如遇缺失，即查原書譯補。並且當晚開始工作。九月十日完成。其中大部分文字皆吾妻所抄寫也。

(5)五月二十四日，正萬壻玫女同攜玫萊開車來看予等。次日下午，正萬先搭機回去。玫玫多留一天，二十七日開車回家。

(6)六月一日，景韜退休。按彼初在工礦公司陶瓷廠服務，後轉自來水公司任職，早屆退休之年，故即退休，領月退休薪。

(7)七月七日，周克音小姐自奧古斯塔搭機來。八日，全家與周小姐開車往迪拉威旅行。當晚抵琦女家。九日，璇與周同往遊長木花園。晚間，璇宴請葉奕白夫婦及其女公子，予夫婦與琦及周小姐作陪。十日，璇與周往遊杜邦之另一花園。十一日開車返匹茨堡。十四日，周小姐搭機回去。

(8)九月初，李秀芳隨友來紐澤西看其次子緒昌夫婦，但無人伴彼來看予等。（秀芳患隨時暈倒之病，不敢獨自出行。）故彝秉搭機先飛費城，轉琦女家，再由琦開車往紐澤西與秀芳母子晤面。又次日即由費城飛回匹茨堡。

(9)霏讀完八年級，九月入霖讀過之教會高中肄業。

⑽十一月三十日，編成《百吉撰臺灣文獻叢刊序跋選錄》，作序冠於書首。又製「百吉齋與臺灣文獻叢刊編纂工作一覽表」繫之書末以為附錄。並於十二月一日三日連撰二跋於表後。

一九九四年　民國八十三年甲戌　九十四歲

⑴在匹茨堡璇女家住（此為第七年），生活如前。

⑵一月一日，冰女之次孫朝暉與李海青在時堰結婚，八月十日生子程，冰女之又一曾孫也。

⑶冰女自遷其戶口到時堰後，即在磚瓦廠工作，今春二月（舊曆年後）退休。頃在家中照看新生之二曾孫。

⑷二月十九日，乘運生子作璿。

⑸玫萊畢大學業。七月，入艾姆星醫學院讀醫學博士與哲學博士雙重學位，不納學費，且由學校供應生活費用。

⑹冰女之外孫女愛梅滿十二歲，畢小學業。八月，入白甸初級中學肄業。

⑺弟婦晚年身體不健，患癱瘓之病，臥床數載，於一九九二年十一月六日先二

弟而逝，享年八十一歲。吾弟又不幸跌跤，骨盤破碎，因年高不能開刀治療，乃亦臥床多日於今秋八月十七日逝世，享年八十有三，二弟小予十一歲，而先予去世，哀哉！猶憶彼在揚中畢業後曾考取交大，惜因病未能入學。從此陷身舊家庭，侍奉雙親，管理油坊，養活一家人口，迄於抗戰與十年動亂時期，驚濤駭浪，皆由吾弟夫婦親受其苦，愚兄嫂遠居海外，無由援助，心實難安也。

(8)十一月十五日，正萬壻到紐澤西某印刷公司上班，暫在服務地賃屋獨住。按正萬自一九八五年夏離開學校已逾九年，但其間因服務機構營業不振裁員，關閉或出售某一部分而失業者一年有半。今又覓得新工作，亦云幸矣。

(9)自一月一日起，開始撰「百吉老人自訂年譜」，年底寫成初稿正文約四十餘頁與附錄百頁，尚未完成。

一九九五年　民國八十四年乙亥　九十五歲

(1)在匹茨堡璇女家住（此為第八年），生活如前。

(2)予年雖老，記憶猶存，常喜回念年輕時事。今年元旦，想起民國十七年（一九二八）寫成之《中國近百年史講義》，乃費半月之力覆閱一遍。覺其內容尚有可取之處。如對安福黨人之禍國與曹錕之賄選，皆加以痛責，並未遭文字之禍。如對康梁變法與蔡鍔唐繼堯組護國軍倒袁，皆按實在情形敘述其事，不若後來在臺灣時國民黨勢力伸入近代史，不能直寫，而受歪曲之苦。故於一月十七日撰一序文冠於書首，為予初次教書寫講義留一紀念也。

⑶正萬壻現任之事待遇薄，又非專主一面之工作，經常打雜，殊無趣味。幸又謀得約翰生公司之職，待遇較高，離家又近（車行僅一小時半），週五下班後即可回家。故辭去舊職，而於六月十二日就新職。現住之宅不必出售，玖女仍可續在醫院服務也。

⑷同月十五日，接姪女夏瑣航信，悉翟家莊昔建之祖塋尚存。在此墓地上先已葬吾祖父母、吾母與二叔，其後二叔母與吾繼母及吾父亦葬於此。雖已在中共建國期內，翟家莊並無掘墳刨骨之事，至為欣慰！（翟家莊今改屬興化市。）來函又述及二弟夫婦之葬地，謂在時堰官河北某一親戚家之自用地上，贖以青苗錢，取得二穴地葬其父母。足見鄉里間仍循舊俗喜土葬，現時尚可自由擇地以葬也。

⑸八月十四日接徐泓學弟來函，謂已赴鳳陽參與明史研討會，並訪問鳳陽中學，攝影留念。鳳中為予夫婦舊游之地，今仍存在，故記之，以為憶舊之一端也。

⑹八月杪，國璋夫婦偕遊大陸歸，九月一日來電話述其再訪老家之情況。謂其二哥、三哥、四哥、五哥、六哥與七哥夫婦，除六嫂外，餘皆逝世。又謂王家大莊子之碉堡今皆拆除，改建新屋，諸侄尚可安居。予念民國三十七年舊曆年前年後，予等逃難在舒城，住王家大莊子約一月，與國璋諸兄嫂皆相識，今幾全部凋謝，不勝感慨！故亦記之，以為憶舊之又一端也。

⑺大運之女作慈已於今夏畢小學業。九月，入北投國中一年級肄業。

⑻予在臺北，民國三十七年黎烈文兄惠贈素心蘭二顆，經予培養二十年，繁殖到二十餘滿盆，年年開花，清香四溢。六十二年冬來美之前，全部分贈親友。三年後，又由臺帶已發芽之素心蘭根二枚來美。又育之二十年，繁殖尤夥。先後送人者已逾二十盆。予雖僅存六盆，而今年開花特別多，每盆常有三劍花朵，又自五月迄九月，每盆俱開兩次花。植蘭是小事，然亦須有恆心，方能獲此成果也。

⑼十月十三日，大運生子作源，比作慈小十一歲。

⑽同月十六日，亡友建功之哲嗣魏至來函，謂頃正搜集其父生前著述，輯為文集，刊行於世。又謂父執舊友多已凋謝，存於今者僅予與之相交最久，故乞予為文集撰序。予雖目力衰退，難於讀書寫字，然何忍拒之。遂即構思，越三日，擬成腹

稿，即口授予妻書之。序文長約千二百字，所述多已見之本譜，故未列其文於本譜之附錄。

⑾十一月十一日，乘運生次子作暘。

⑿同月十六日，收到徐泓學弟轉來臺大十二月二十七日公函，同時臺灣政府發放公教人員退休金補償金。函中除指導如何填表申請領款外，又規定喪失中華民國國籍者不得領退休金之補償金。故予不能領取此款。

按予自民國十六年八月一日，迄六十一年十二月一日，任職於中學與大學者共四十三年又半，退休時經核得七十九點，外加一點共八十點，得退休金臺幣二十三萬一千六百元。其時因國家經濟困難，故延至今日，始加補償，是此補償者包括曩在大陸之勞績，似不應以後來之變更國籍，而剝奪其領取補償之權利也。惟其數甚微，無關得失，一笑置之而已。

⒀今年十一月七日為予九十五歲生日，在美諸友與諸學弟欲為予慶生，固辭不獲，乃由彼等商定於是月十八日在此間舉行。屆期，除原住匹茨堡之許倬雲、孫曼麗夫婦與吳子建、任長正夫婦外，有徐泓、王芝芝夫婦由臺北來，有王國璋、華世泌夫婦自聖迪亞哥來，花俊雄、林貽玲夫婦自紐約來，汪榮祖、陸善儀夫婦自黑堡

來，陳浩佳、李秀蓮夫婦，沈約翰、陳漢嬰夫婦同自華盛頓DC來。又有吳君衛平自康州來，黃培學弟自俄亥俄之青年鎮來，加予夫婦與璇女共廿一人。

是日晚在一中國飯店，設壽筵兩席，飲壽酒，吃壽麵，唱生日快樂歌，熱鬧之至，其未能親臨者，則紛紛惠賜賀卡或壽禮。予夫婦受此榮寵，感激無已。故特記之。

⒁十一月二十三日為感恩節，智琦、霖霏來此過節。並將霖之已訂婚男友抱白（Bob）帶來，與予等見面。予等觀此洋人尚穩重，無一般青年人浮躁之氣。二十四日盤桓一天。璇請全家人到餐館吃飯。次晨，彼等開車回去。

⒂玫兒因學校放寒假三週，乃於十二月十一日來匹茨堡看予等三人。數年不見，頗勞渴念；一朝晤面，歡喜無量。但不幸予於是晚與翌晨凡三次發生大氣喘，每次幾欲昏絕，使全家恐懼。幸十二日在附近北山診所覓得莫爾特醫生。因彼出身於阿里蓋里醫院，又在該院兼任醫生，故經彼診察後，安排予入醫院作徹底之檢查。是晚先由某醫生診察，作心電圖，照X光，抽血作各種檢驗。又聽出肺中有積水。又驗出患嚴重之貧血。檢查既得相當結果，即於是夜開始注射利尿藥針，從事脫水。同時又輸血六小時。十三日又作若干檢驗，夜間繼續注射利尿藥針脫水，再

輸血六小時。兩夜共輸血二千CC。十四日心臟醫生亦來診察，謂予之心臟部份尚好。更由腸胃科醫生以手指深入肛門取大便觀之，謂有血跡。但予一生患痔瘡，肛門經常出血，不能斷定大腸出血也。諸事既畢，乃於十五日下午出院，回家休養。

玫兒之來，原訂十四日回家。但因璇一人難於照料二老人，故多留二日，於十六日回家。玫兒在此，幫同照料頗有助力，至可嘉也。

一九九六年　民國八十五年丙子　九十六歲

(1)仍在匹茨堡璇女家住（此為第九年），生活如前，惜乎年老體衰多病。

(2)予之出生地，初為泰州一小市鎮。清乾隆三十三年（一七八九）設東臺縣，西北控淮，東南環海，范隄亘其中，蜿蜒一百數十里。北連鹽城，南接如皋，西連興化，按東臺在分縣前有分司衙門管轄，北至角斜，栟茶，富安，安豐，梁垛，東臺，何垛，丁溪，小海，草堰等鹽場，有串場河貫之，其中之地，皆稱沃壤，今則設有大豐，如東，與南通（金沙鎮）。

(3)日來因目力太差，書寫困難，日常獨坐憶舊。今日忽然想起曩日在嚴州與王星賢兄互贈嵌名之聯語。星賢兄贈我曰：

卓爾丰神宜美酒。
如君標格是清才。

我乃贈彼曰：

疏星幾點澹河漢。
餘子何人似聖賢。

茲星賢兄已作古多年，而予亦老弱多病矣。

(4)某日獨坐休閒，憶及民國二十二年下半年，予任浙江省立初級中學教務主任，時有律師李錚在校任公民課六小時。一日欲遷其事務所，自西湖邊板橋路至平海路，發柬請客，予撰聯賀之。

聯曰：

人跡板橋霜，應有詩情懷舊里。

伏波橫海意，會憑法理障狂瀾。

(5)今年八月一日，是予與序結婚六十年紀念日，因是日非假日，任職者與上學者皆不能隨意離開，璇女、玖女皆服務於醫院，更不可擅離職守。琦女建議於七月二十七日週六提前慶祝。故是日有吳子建君與任長正夫婦，范德豐君夫婦來舍參加，並各帶菜餚。予雖多日不飲酒，亦稍淺嚐以表感謝為予慶祝之忱，餐畢相聚閒談，至為快樂！八月一日亦曾與序攝影以留念也。

(6)去年感恩節時，霖與已訂婚之男友Bob來吾家見過面。今年五月二十六日為霖與Bob結婚之喜慶日，新郎之全名為Robert Charlesmeder, Jr.，因彼為第二代也。予本擬與吾妻同去參加霖之婚禮，後因病未去，僅吾妻前往。匆匆首尾共三日即回寓。璇亦未去，因需留一人在家照顧我也。

(7)明年暑假，霏將高中畢業入大學，因其數年來成績尚佳，故在十二月間即被耶魯大學收入為新生矣。可謂幸甚！

年譜附錄

一、追記予幼年時之翟家莊

翟家莊位於東臺縣之西北鄉，為一四面環水之小村。居民約六十戶。以每戶五人計，全村約有三百人。除私塾教師李先生一家外，皆姓夏。故此村雖名翟家莊，並無翟姓住戶也。

全村居戶，除吾家與堂叔樂和家賴田租生活外，皆從事於農耕。有佃農，有自耕農。自耕農田產有多至八十畝或少至二十畝者。佃農則視勞力之多寡而賃耕地主之田地。農家婦女皆為天足，故全村只吾繼母與樂和嬸母為裹足婦女，不能下田工作。

全村農民，無論男女，黎明即起，進早餐。旭日東升時已在田間勞動。午餐，近者回家用餐，遠者由自家婦女送飯菜到田邊樹蔭下食之。傍晚荷鋤而歸，安享晚餐之樂。真所謂「日出而作，日入而息」也。

生活水準非常儉樸。柴米蔬菜皆由自產，僅買油鹽與衣被之布料而已。平日甚少與村外人往來。年老者冬季著長袍，穿鞋襪；年輕人皆著短衣，赤腳或穿草鞋，盛夏只穿短褲耳。

論其經濟，則以生活水準之低而消耗量小，又除米麥正項產物外有多種副業，如養豬、養雞鴨、編蒲包、織蘆蓆與蘆摺等以增收入。故雖僅佃種二十畝田之人家，亦得溫飽。較之現在東臺市鄉間每戶只配種四畝田者，其經濟之榮枯殆有天壤之別矣。

最後論其社會風氣與文化程度。全村居民識字者難及半數。村中有一私塾。塾師李先生為全村知識最高之人。塾中有學童二三十。每生年納學費二三千文。所讀之書，低級者教以三百千千（三字經、百家姓、千字文、千家詩），高級者授以《四書集註》（連注字讀，連注字背。）村中凡有租賃典借之事，無不由彼代書契約。全村之人仍遵忠孝節義之傳統道德，與天地君親師之傳統舊觀念。又如佛教信仰甚深。好的方面使人心善良，造成誠實優美之社會風氣。壞的方面引起許多牢不可破之迷信。不但十八世紀一切科學發明全無所知，即當代中外國際關係亦不了解。天高皇帝遠，全村之人即在此世外桃源中度其愚昧落後而知足常樂之和平歲月。

一九九四年三月三十一日，卓如追記於美國匹茨堡寓廬之百吉書室

二、予所知之夏氏宗族

據傳說，夏家遠祖初居蘇州郊外，明末清初，避難於江北泰縣之海濱，名其居地曰夏家舍。後又遷翟家莊。予於夏氏宗族，只知吾曾祖諱九成，生吾祖兄弟五人。祖居行四，名曰暟（字炳南。）餘四伯叔祖皆已先逝，不記其名字。但知大伯祖生裕和與飲和，裕和生鴻儀，鴻儀生如寶，與予同年。飲和之長子名鳳儀。二伯祖生寶和與明和。寶和之長子名仁儀。三伯祖生景和與熙和。景和之長子名子儀。吾祖生吾父森和（字樹人）、二叔鼎和（字漢卿）、與三位姑母。吾父生予兄弟三人與年妹。二叔生文儀、武儀。吾大姑母適葛家堡葛家，早寡，有子繼霖。二姑母適唐劉莊朱延年，有子成章、成鳳。葛家堡與唐劉莊皆在東臺縣西北鄉落後地區。三姑母適戴家澤翟文才，有子立禮、立朝。村子大，人口多，風氣較為開通。五叔祖生樂和。綜上所述，稱為五房。五房分炊時撥款建一五房之家祠，五房中凡有喪事，皆在祠內辦理。平日上香打掃，皆由吾祖任之。

五房之外，同宗之人尚多。有日字排者，如曰諒，曰恕，皆吾祖父輩；又有和字排者，如向和、運和，皆吾父輩也。若欲依系統述之，則非予之記憶力所能及也。

一九九四年四月六日，卓如謹識

三、開家莊之吉氏家族

開家莊在東臺縣之西南鄉，為一面積較大，人口較多之村莊，距翟家莊約三十里。此村名為開家莊，並無開姓住戶。居民姓氏較繁，吉氏家族只其一也。予六歲重葬先母時，始知吾母為開家莊人。亦自是年起，每年正月往拜外婆年（前此，因予年歲稍小，不能獨往。）時外公已不在世，予亦不知其名字。予所知者，最老為外婆，其下有六母舅。長名恆裕，有子懋經，為大表兄，有孫向榮，與予同年。二母舅全家俱亡。三母舅亦先逝，外婆與三舅母同住。三舅母有二子，予猶記其次子二表兄名懋勤。五母舅名坤裕。四母舅與六母舅，予皆不知其名。除諸母舅外，吾母之姊有幾人，亦不知之。嘗聞外婆云，吾母為最小之女，已排到第十三名矣。

予於新正前往拜年，例備食禮六份；一奉外婆，另五份則分贈五位母舅家。予喜隨外婆住三舅母處。予先到各母舅家拜年。各家乃排定日期請予去玩一日。其間，外婆視為重要之典禮而不可不舉行者，厥為備香燭爆仗向碌碡拜年。碌碡原為碾稻之物，不用時則以繫牛。予之生肖為牛，賴其維繫而不亡失，故拜之。拜年之過程既了，遂得外婆與大、三兩舅母各給之百歲錢（以紅頭繩穿一百銅錢，曰百歲錢。）而歸。其後予赴南通上學，不能按時去拜年，甚至吉家外婆卒於何年亦不知之。吾繼母常往探看，謂吉家外婆活到九十餘歲也。

一九九四年四月七日卓如記

四、聖唐莊之顧氏家族

聖唐莊在東臺縣之中區，何以得名不可知。此村視開家莊為小，比翟家莊為大。距前者不足三十里，距後者逾三十里。全村居民以顧姓為多。自吾繼母嫁吾父後，予常隨之往聖唐莊外家，每年皆有數月住於其地。在予記事時，似有顧家外公與大外公之印像，但不久即先後去世，故不知其名字。外公有子源（字左泉）。左泉母舅生表兄崢嶸（字卓峰），長予四歲，幼年同在羅邨振新小學肄業，彼讀高小，予讀初小。大外公有子三人。長名鴻，生子崢峠。次名誰，已忘記，生子崢嶸（字秀成）。秀成表兄有弟名回（字景顧）。三母舅名淮（字蘭江）。予幼年最喜聽其談天說地、道古論今，獲益至多。有子崢峒，未冠而夭。外公有四女。長適青蒲錢漢炎（字赤楓），次適羅家莊沈寶森（字玉堂）。三為吾繼母。四適邊城周少章。此外，顧氏母舅輩尚有多家，難於罄述。

一九九四年四月七日卓如再記

五、予幼年所知之油坊

以清代同光間翟家莊之情況而言，在此閉塞落後之小村莊中，定難產生資本主義色彩之企業。然竟在此小村上建起一所工業生產之油坊，真是奇蹟！依後來之推算，此恒源油坊之資本，至少在一萬吊文（每千錢為一吊）。至於何人出此主意？何年開始經營？何年由吾祖父獨力管理？營業情況如何？皆不可知。只憑推測，此油坊可能在清光緒三十一年冬全被焚毀。其時予方六歲，正隨繼母在聖唐莊，家中來船接予母子回家，纔知此一災難。其後常伴吾祖在焚餘之廢墟中檢鐵釘鐵器。吾祖又僱石工鑿取焚裂碾磨之石塊，置於吾家廳屋前之花臺上。此皆予所記憶之情況。

嗣後吾父何時到時堰鎮上參與六股合營之允升油坊，今亦無從考證。只存一資本更大與營業更盛之印象。本譜載民國元年允升拆股，由吾家獨營，改稱永生油坊，亦只假定在是年耳。然永生油坊為吾家祖傳之企業則毫無疑義。故予對此企業欲加以維持與發展，雖焦頭爛額而無怨也。又吾二叔於何年在鄉間恢復恒源油坊？以及二叔逝世後，如何由二叔母領導文儀、武儀兩兄弟繼續經營？皆不詳知矣。

一九九四年四月八日卓如記

六、幼年生活之素描

予之幼年生活可分兩部分述之：一為自出生迄八歲年底，一為九歲年初迄十二歲年底。前期之主要住所在翟家莊，後期之主要住所在羅家莊。

當先母去世後，據說予以無奶吃頗受折磨，終以厚酬覓得同宗而年輕體健之農家婦女乳之，始解困難。二歲至五歲間，尚未記事，在予生活史上成為一段空白。六歲迄八歲間三年之活動，今猶浮現於腦際。予為吾祖之長孫，吾祖非常愛予。吾祖終年素食，但每聞村中有外來漁人叫賣魚蝦，必為予買之。吾父之愛予不待言。吾繼母亦甚愛予，視予如己出，其遇予也常厚於吾妹。吾家花臺上韭菜稍長，予即要求吾母割之炒蛋吃，母皆允之。想起過年時吾母所做之蝦圓，猶覺饞涎欲滴。吾大姑母早歲喪偶，常居老家侍奉吾祖。姑母亦甚愛予，嘗取祖父所藏之蜜棗等甜食與予食之。又嘗到田邊小水溝中摸一二大田螺在火上燒熟與予食之。予之乳名為「菱」，於是全村之人無不呼予為「老菱」，「老菱」殆為全村之驕子矣。

當予九歲之年初，到羅家莊上學，食宿於二姨母家。其間有一年由學校闢宿舍，予曾住之；後又停辦宿舍，外來學生仍住親戚家。予在此五年間，幾成無法教導之頑童。同學沈廩淵（字善芝）家住宅旁有一小土地廟，為予等放學後遊戲之場所。予等有時在廟內外演習祭禮，誰皆不願作孝子，只得將土地公取下，以繩曳之作孝子。此一事也。予又領導同學輩試作槍械武器。此村諸地主家皆有槍枝以防強盜。予等利用了子彈銅殼裝火藥，又鑽一孔裝火藥線，又綁一長尺許之木柄，遂成手槍之形狀。燃其藥線，則轟然有聲。此又一事也。予已成若干同學之首領，然亦為擁有嘍囉之另一首領潘以明者與予抗爭，交手打架。予被推倒，傷左足之筋，不能行動。後經柯家堡專治跌打損傷之醫生治愈。此又一事也。予不怕任何人，只大姨兄沈柳亭常因予過，以戒尺打予手心，予稍畏之。予雖如此頑皮，然每學期之學業成績皆列前茅也。

一九九四年四月十日卓如撰

七、左泉母舅之為人

左泉母舅為吾繼母之兄，在前清為諸生。平日以膺宋學，多讀程朱之書。其家藏五局合刻本念四史一部，亦常閱之。又喜新學，甚贊康梁之變法，常向上海購來維新之刊物，用朱墨圈點而朗誦之。從予幼年承其意讀西學三字經，與彼為允升油坊小賬房所撰之門聯「講生計學，讀原富篇」二小事觀之，即可知其醉心於新學。

民國元年，南京開南洋勸業會，母舅親率卓峰表兄與諸外甥前往參觀，不僅帶回若干新事物，又帶回許多新知識。惜予年幼，未能隨往，至可憾也。

左泉母舅饒有反迷信與革舊俗之勇氣。彼素不信釋道二教。家有喪事，決不延請僧尼道士唪經建醮。僅按古禮舉行祭典（俗稱「排祭」）。村中有一僧寺，其僧早被逐去，將以廟宇籌辦小學。在小學尚未成立之前，且曾租屋試辦改良私塾。取闊尺許長丈餘之松板數條，糊以紙，架半人高，配以長凳作教室坐位。又在院內樹鞦韆以倡運動。學生著短裝，戴一操帽（俗稱洋鬼帽子），讀小學各科課本，用石筆在石版上寫亞剌伯數字，並作加減乘除之算法。凡此諸端，無不象徵除舊布新之意義。

後以羅家莊富戶多，讀書人亦多，文化風氣較開通，各親戚家能上學讀書者亦多，故吾母舅竭力游說諸沈，創辦振新小學。一時從各地前往入學者數十人，予即其中之一。予之欲往東臺南通上學，母舅從未阻止，且加鼓勵。猶憶民國三年舊曆年底寒假期滿動身返校時，母舅病在床上，仍一再囑予少說話多讀書，不意即在此學期中棄予而逝，哀哉！幸吾表兄卓峰承其遺志，以僧寺建為地方小學，可謂孝矣。

左泉母舅三十餘歲喪偶，未續絃。無同胞兄弟，故其家產富厚。外公去世後，母舅主家政數年，未嘗增建一間屋，增買一畝田。自奉甚儉，助辦公益事毫無吝色。故村中道路整齊而環境清潔，村人無不敬而愛之。

左泉母舅之為人公正無私。鄉里舊俗，村民有爭端，皆就地方紳士與年長之人評其曲直。於是母舅家之廳屋常為評理之場所。母舅對雙方必善勸之。若某一方面不接受其勸說，則暗贈款而了結事端。村人無不德之。

一九九四年四月十一日，卓如謹書

八、江蘇省立第七中學第六屆畢業同學錄

甲組

姓名（字）	年齡	籍貫	住址	姓名（字）	年齡	籍貫	住址
瞿振鏞（笙甫）	23	東臺	西園	周其嘉（君猷）	20	如皋	栟茶
張永楨（貞木）	21	東臺	栟茶	顧光祖	22	海門	上三和鎮

姓名（字）	年齡	籍貫	住址	姓名（字）	年齡	籍貫	住址
楊　達（士達）	22	南通	新港	沈寄可（任庵）	20	海門	和合鎮
江　爵（序三）	19	如皋	西門外	李之模（應時）	23	南通	姜灶港
王服堯（企唐）	17	泰縣	謝王河	王乃昌	20	海門	十二框鎮
黃景援（衛賢）	19	南通	馬塘	昝金照（少亭）	20	南通	石港
尤金礪（砥臣）	19	南通	城內	潘喜生（望之）	23	泰縣	海安
于　進（擷華）	21	如皋	東門外	王性堯（企孟）	21	泰縣	王家河
王文俊（秀岩）	23	東臺	唐家洋	李百羣（維三）	21	南通	平潮
田應麟（定盦）	18	南通	城內	戴元烋（隻汝）	20	南通	騎岸鎮
張言斌（月峰）	21	海門	聚星鎮	方祖昇（頌平）	20	儀徵	掘港
周念慈（子岵）	21	南通	城內	郭世烜（潤卿）	21	如皋	馬塘
丁布賢（惟汝）	22	南通	騎岸鎮	汪家鼐（汝梅）	20	如皋	豐利
張熾勳（邦佐）	20	泰興	廣陵	繆香峰（蘭溪）	23	如皋	盧港
陸運鵾（征南）	20	如皋	豐利	丁光國（耀庭）	23	泰興	丁家五圩

乙組

姓名（字）	年齡	籍貫	住址	姓名（字）	年齡	籍貫	住址
夏德儀（卓如）	19	東臺	時堰	張　驥（北生）	22	南通	餘中

姚國珣（次仲）	19	貴池	栟茶
閔之和（育人）	21	如皋	石莊
戴貽煒（懌彤）	18	泰縣	海安
史錫佐（弼臣）	21	南通	四安
王煥鏢（鑾坡）	21	南通	興仁鄉
周國勳（輔成）	21	東臺	安豐
黃先質（繪初）	20	如皋	豐利
顧應蓀（挹香）	20	泰興	古溪鎮
楊家聲（逸先）	20	東臺	栟茶
宣震東（長侯）	19	東臺	東臺市
陸侃如	18	海門	三陽鎮
繆玉騮（蘺材）	20	東臺	栟茶
盧曾祥（叔平）	22	如皋	盧家莊
鄧邦俊（冠千）	20	如皋	馬塘
沈勛（書長）	21	如皋	林梓鎮
邱錫爵（延廷）	20	如皋	西場
邢家修（道成）	19	南通	西亭
季福生（錫五）	20	如皋	季家園
沙煥祚（翰飛）	21	如皋	磨頭
楊載嵲（丕宜）	18	南通	竹行鎮
陶有柏（景山）	23	丹徒	二窵
宋希庠（序英）	19	南通	石港
陳啟豐（建岐）	20	如皋	石莊
沙士（勵吾）	22	南通	西門外
劉芸生（叔清）	25	南通	西門外
尤以康（達五）	20	如皋	豐利
陸運生	19	如皋	豐利
張廼憲（鑒成）	19	如皋	石莊
陸祖麻（子蔭）	21	南通	石港
薛自立（卓盦）	20	如皋	雙甸

附七中畢業同學錄跋

此一同學錄距今七十四年矣，居然仍存舊莢中，幸何如之！予觀此錄，對甲組同學印象較淺，對乙組同學印象甚深。閉目細思，同組者幾有大半可以想出當時之形態。猶記是年乙組升學者，北京大學、北洋大學與南京高師各四人，武昌高師、吳淞商船與南京水利工程各二人。其中王駕吾、陸侃如與予皆執教大學。邱悲民任江蘇水利局長，宣辰生則為上海之名律師。獨惜張君北生在北洋習礦冶工程畢業後迄無正當職業而投身國民黨。又於抗戰期間變節入偽組織，終遭殺身之禍。烏乎！

一九九四年六月十一日，卓如謹跋

九、在南通六年之進益

在南通六年間，予最敬佩者二人：一為師範附小主任李元蘅（字航）亦先生，一為七中校長繆文功（字敏之）先生。二公不僅和藹可親，而且公正無私。又其辦事之認真與節省，亦使予佩服。予自幼喜活動，愛多言，常與同儕相爭，不稍退讓。迨赴南通讀高小與中學，先後受兩公人格之感化，漸改氣質，成為沉靜寡言之青年。此予在南通六年進益之一端也。

是時中小學尚無級任制度。附小規定高小學生每日記日記與點閱曾文正公家書，皆由國文教師按時檢查；故予對國文老師湯彬（字逸珊）先生亦頗尊敬，以其不只善於講授文辭，且能誨予為人之道也。

予初入七中時，全校有學生五班，約二百數十人，後增至八班，約四百人。而學校行政人員，就予今所記憶者僅九人（除舍監二人外，餘自校長、學監、文書、會計、庶務，校醫以至書記皆僅一人）。其編制之精簡，於此可見。七中不若附小以國文教員負責領導學生，其對學生之指導與管理皆由舍監任之，而校長學監輔之。斯數人者，皆到飯廳與學生同進三餐。每晚又分巡各班自修課。從早晨打起身鐘到晚間打息燈鐘，幾無時不與學生共生活也。

予之學業基礎全建於中學時代。尤以中文與英文為治學必要之工具，亦在此時立下鞏固之根基。中學國文，初由孫錦標（字伯龍）先生講授商務印書館出版之中學國文評註讀本，三年讀完四冊。第四年由徐昂（字亦軒）先生自選教材繼續講授。每授一文，皆在黑板上寫出此文之作法，由學生錄之。每一學期，即成「文談」一冊。故在中學四年之國文課中，略知經史、諸子、楚辭、文選暨歷代古文辭之概況。中學國文課每週七小時，其中四時講文章，三時作文（一年級每週作文一次其後兩週作一次），餘一小時講說文部首。四年級改讀江謙說音與章太炎新方言。亦軒先生為南通有名之桐城派文家，故不僅在講授文章時發揮義法，且於作文時要求學生能守義法也。

予入中學後，始習英文。一年級甲乙兩組英文每週七小時，以五小時讀商務出版之中學英文課本，二小時講文法。二年級重分組，乙組英文每週八小時。以六小時讀課本。二小時講文法。三年級亦如此，惟文法改為作文，而讀本四冊已讀完矣。四年級英文，由泰興朱東潤先生繼續講授，以四小時讀葛爾德司密斯著威克斐牧師傳，一小時講英美文學史，一小時講修辭學，二小時作文。每兩週作文一次，當堂交卷。教師初閱作文簿，只做記號，示意應該改正，或加眉語，說明如何修改。次一作文時間，則由學生費一小時按其記號或眉批自行改寫，重抄交去；另一小時講授作文法。英美文學史與作文法皆從商務發行英文雜誌中抽印之單行本也。

又其講授牧師傳也，先由學生自查字典，預作講解。上課時，由教師以英語問昨日讀物內容，亦以英語答覆。一人答不出，不許坐下。常有三五人坐不下來。最後詢程度較佳者答出，大家坐下。此一過程約費十分鐘。打開書本，指定一人用中語試講。講得不對，下一人重講；講得不錯，下一人接著往下講。講完一頁，約需半小時。最後由朱先生以英語總述一遍。故予等每日上早自修課時，皆三五成群，從事英文讀物講解之預習。朱先生教予等雖只一載，而予等之獲益匪淺，至今猶難忘也。

一九九四年六月十三日，卓如謹撰

附繆敏之先生六十壽啟

繆敏之先生清儉拔俗，講誦不休。身雖多病，仍事臨池。比因私立栟茶初級中學費絀，曾鬻字為助。又以衣食所資之蔡東莊熟田四十七畝，自二十年分起捐入。謂年衰需於物質供養者無幾，毋甯斥以助公也。本年十一月二日為先生六十壽辰，擬稱觴祝賀，先生謂「今非可壽之時，功非可壽之客，無已，仍借此鬻書以助中學」可也。先生任教育有年，服鄉里義務不少。其里黨友朋往來間，從未苟取他人絲粟以自利。有高先生之誼而推及其助公之心者，苟出資為壽，一皆捐入中學。先生且樂書屏聯，分別先後為報也。此啟。

頃從舊篋中檢得此啟。通篇無一虛浮之辭，所述皆為事實。故錄附於此，以證予在七中肄業時對校長繆先生認識之正確。壽啟後列發起人蔡雷門、徐一朋、繆鳳章、蔡觀明等百二十人，皆鄉里間明達好義之士也。啟內雖載壽辰月日，但不知在何年。

一九九四年六月二十六日，卓如再記

一〇、祖父與予

祖母去世，予纔四歲，故對祖母之印象甚淺。予年二十，祖父殞歿，若除尚未記事之五年，吾祖孫猶共度十五載之歲月。往事縈於腦際，故常增孺慕之思也。

茲先述吾祖之為人。祖父信佛，年十四即茹素。自予記事時，已見其每晨焚香拜佛，坐佛堂內高櫃上唪經。吾祖弟兄五人，不知何時僅存吾祖一人，祖母之妯娌輩亦只存大奶奶與五奶奶。吾祖母每於早晨煮百果吃，必先送彼等各碗。吾祖一生行善，喜濟人之急，解人之難，故全村之人無不敬而愛之。

史家堡有陳克本者亦信佛。遂商定由吾祖出資，由克本執行，到鎮江金山寺延請高僧五人，放千日燄口，齋祭孤魂野鬼。又在舊曆年節，吾祖必邀村中平日念經拜佛者數人，集於和尚廟大殿東邊之小方廳內拜懺數日。五人同聲高唱經文，吾祖親敲鼓磬以為節拍，予在旁靜聽，亦能領略梵音之清雅，一掃胸中塵俗之念也。

春去夏來。予於每晚皆隨吾祖到大廟前之廣場上乘涼。祖父與予各披夏布長方披肩一幅，各持芭蕉扇一把趕蚊蟲。到廣場後，自有附近人家搬小凳來與吾祖孫坐。於是在滿天繫星或玉兔高懸之下，說故事，講笑話，談古道今，至為快樂。

予為吾祖之長孫，吾祖愛予最甚。迨予在南通上學時，暑期必來鎮上伴予住若干日。吾祖逐日詢予在校之生活，同時亦告予若干應注意之事項。如在飯堂與人同桌用餐時，雙眼應看在自己飯碗內，不可看在菜碗上；每吃一碗飯只能先後在一碗菜內取四次，筷子不可伸到菜碗對面去；要吃得文雅有禮貌，不可弄得太髒，引起人家之不快。凡此諸端，至今猶在心中，未敢忘也。

民國九年九月間，我將往北京入學，吾祖特來鎮上與予同住數日，藉以話別。時當夏季，每晚在天井內納涼閒談。吾祖將其往日兩次與大姑母同往朝南海之往返途程細細說與我聽。如何渡江到上海，如何乘小輪出海往舟山，如何照護行李，如何防備盜竊，凡吾祖所想到者無不瑣瑣為予言之。予在中學時，雖曾到過南京，參加全省運動會，又曾往杭州旅行，游覽西湖，明知老人所言，已與現實不合，但不忍忽視老人之善意，只有敬聽其指導！至今猶記當日彼所叮囑之青龍白虎湯可治水土不服之病，即謂東西南北食性之不同，而青菜豆腐湯（即青龍白虎湯）則到處皆有之也。老人之意，頗覺京師離家太遠。每次言畢，兩眼輒含淚欲滴，予不敢舉首望之。不意吾祖竟在年寒假中棄予而逝，嗚呼哀哉！

一九九四年六月二十八日，卓如撰於匹茨堡寄盧

一一、予何以翻譯歐洲上古史？

我譯歐洲上古史的目的，不在給讀西洋史的人看的，而是給整理中國上古史的人看的，給他們一個古代史的模範。看看人家的古代史料是怎樣取得的？人家整理出來的上古史有怎樣可信的程度？我相信譯出此書總比空做幾篇敘述「古代史應該怎樣整理」的文章切實點，效用也大點，因為這是一個具體的實例。現在且略略的比一比歐洲上古史和中國上古史建設的情形。

約當公元後第四世紀頃，薩爾匹細阿．塞弗拉斯（Sul-Picius Severus）曾著了一部歐洲的上古史，這是一部有名的教科書，直到十六世紀還用它。可是書中所述，幾乎僅是羅馬史，只有馬拉頓戰役（The Battle of Marathon）的記載是全書中涉及希臘史的唯一文字。羅馬好似一座偉大的偶像，遮斷著者的視線，像後的東西一概沒有見得到。後來希臘人的可羨的事業雖也完全加入歐洲的古代史中，但是歷史家知道講歐洲的文明要溯源於近東諸古國和他們能說出歐洲史前時代人類進化的情形，也不過是近五、六十年來的事。自從法人宋坡龍（Champallion）闡釋了埃及的象形文字（一八二二），尼羅河邊的一切古蹟便能告訴我們埋沒數千年的埃及古史。自從英人饒林生（Sir Henry Rawlinson）認識古波斯的楔形文字（一八四七），就找著一把打開巴比侖與亞敘文化寶庫的鑰匙，結果恢復西亞的幾章古史。自從亨雷．斯里曼（Heinrich Schliemann）開始發掘特類城（Troy）的遺址（一八七〇年起）並繼續發掘泰麟茲（Tiryns）和邁錫尼（Mycenae）而獲得許多驚人的成績之後，遂引起歐美學者掘地考古的狂熱，結果不但又找著一個光輝燦爛的愛琴文化，更把環繞地中海四圍的諸大文化整理出一個先後流傳的線索。歐洲人類進化的時期現在已被考古學的研究向上推到五萬年或二十萬年之遠。就是從有文字的簡牘中所得的史實也比數十年前大家所知道的人類歷史增長了一倍。雖然有些重要的工作，如赫梯象形文字（Hittite Hieroglyphic Writing）及克里特線形文字（Cretan Ninear Writing）的闡釋尚未完成，但歐美史家已能把歐洲人從石器時代到基督教時代一步一步進化的故事聯貫起來，纂成一部真實可信的上古史。

現在再看中國的古史是怎樣組成的。自二千年前起，中國史就開始向上延長。最初只有幾段神話式的古史，記載幾個帶有神秘性的人物，如禹和后稷之類。孔子之時，一班學者又造出堯舜的黃金時代來；他們的目的原是要拿他們的理想人物來證實他們的學說。可是他們的學說彼此不同，所以假造的理想人物也就互異，卒至弄出「孔子、墨子俱道堯舜而取舍不同」的笑話！戰國時，又造出五帝。及秦，又造出三皇。到司馬遷撰《史記》的時候，中國古史已經立下一個很大的基礎了。他雖很謹慎，也只把黃帝以前的事情看做不甚「雅馴」，他的史記卻還從黃帝寫起，開頭就寫了一篇五帝本紀！緯書一出，又添上大批的偽史。往下再數，經過三國、兩晉、唐、宋諸朝許多古史偽造者，竟把中國古史一直拉到盤古氏！幸而他們說盤古氏是開天闢地的人物，中國古史才算有了止境。但是他們和後來的人雖不能向縱的方面再做拉長的工夫，卻在橫的方面添枝插葉的造出許多荒唐繁複的事實。我們數數見於各書的古帝王就不下數百，這些帝王所占的時期先後不下二三百萬年。至於他們的形容舉止，說來就更令人可駭了！到距今二百幾十年前，又出了一位集古史之大成的馬驌，他廣搜二千年來無數史家所偽造的無數偽史材料，輯成一部卷帙繁重的繹史，這就是中國上古史。

我們看了上面兩段簡單的敘述，知道歐洲的上古史是依據考古學的研究而建設起來的真實可信之歷史，中國的上古史大部分是依照寫小說的方法而憑空杜撰的極難徵信之歷史。我認為我們此後整理中國古史的工作應該做兩方面的工夫：一是消極的把歷來的文字史料審查一下，完全掃除那些荒謬的偽史；一是積極的從掘地考古方面著手，重行建設起真實可靠的信史。我們應該抑下誇大的心理，把中國暫且縮短到可信的程度，乾乾脆脆的將商朝以前成百萬年的荒唐史砍去；等到考古方面有了相當的成績，再向上推廣我們的古史。這些話不用我來說，我想只要看過一兩種歐洲上古史的人沒有不主張中國上古史是應照這樣辦的。

一九九四年六月廿九日錄舊作序文前四段，卓如識

一二、中山先生逝世後，予曾參加之節目

民國十四年三月十九日，自協和醫院移中山先生之遺體於中央公園。上午，本校停課半天，以便師生前往執紼。十一時許，由醫院發引，沿途參加者不下數萬人。二十日，本校同學結隊往中央公園公祭中山先生，予與楊君文林同往。園中遍懸輓聯。入社稷壇行三鞠躬禮，瞻仰遺容。二十三日下午，校中停課半天，在第三院大禮堂開追悼會，有名人演說。四月一日，北京國立與公立各校在中央公園舉行追悼會，本校停課一天，以便師生前往參加。二日又移靈西山碧雲寺，本校又停課

一日，以便師生前往送殯。予於上午十時到新華門一帶，送者比上次更多，秩序亦較佳。十一時許，靈車出發，予立道旁脫帽致敬。

一九九四年七月一日，錄自民國十四年三、四兩月日記，卓如識

一三、記民國十四年五四、五七兩紀念日引起之糾紛

民國十四年五四運動紀念日，師大有會，但所請名人皆未到會講演，因教育部先期函阻也。七日，馮軍在京，舉行國恥遊行。上午，各校即有軍警包圍，禁止學生舉行示威。十二時，各校學生集天安門內者千餘人，被警察用武力解散。後在景山馮軍駐紮地開會。會後往教育部長章士釗宅責問禁止舉行五四與五七紀念之理由。章聞風遁。學生乃搗毀其家中器物。軍警至，毆傷學生多人，另捕十八人。被毆者死一人，群情憤激。本校未放假（他校皆放假），故參加此舉者寥寥。本校學生因此對代理校長蔣夢麟頗不滿，有擬驅逐之說。又聞已有多人去聯名信諷其自辭。

九日下午，各校學生來本校一院大罵「北大無恥」及其他口號。蓋今日上午十時，各校學生又約定在天安門內集會，舁已死學生之屍作大規模示威運動，而北大又無人前往。下午，北大各課皆停，學生在三院開會。多數人因現任學生會職員不能盡責，決定取消，重行組織。隨即整隊往執政府請願。既至則各校學生已先在，乃推代表入見執政，要求多項。十一日答覆，僅允釋放被捕學生，其餘皆不接受。學生將有罷課之舉。本校各院皆有軍警監視。

十三日，本校學生會發出票子作總投票，決定是否罷課。予不贊成罷課。十四日下午開票結果，以八百幾十之多數對三百幾十之少數通過不罷課。

一九九四年七月二日，錄自民國十四年五月日記，卓如識

一四、空前未有之群眾運動

民國十四年六月十日下午，北大教職員、學生、學生軍、平民夜校學生及言、校工齊集一院操場，各持小旗，整隊赴天安門開國民大會。到達時，已開會，人數

在五萬以上，旗幟紛紛，為空前未有之群眾運動。講演臺五座，各臺有人報告。主席係李石曾、雷殷、鹿鍾麟等。當場議決辦法十條。會後遊行至前門外煤市大街時忽降大雨，散去多人，餘眾仍奮勇前進，予亦列身隊中，並狂呼口號。雨約一時，衣服盡濕。尤以婦女為狼狽。故所經之處，觀者無不動容。北大教授如徐旭生、周鯁生等先生均冒雨遊行。歸來時已五點餘。又今日會中有川人陳潛夫者在講臺上斷指作血書，群眾更受刺激。

一九九四年七月三日，錄自民國十四年六月日記，卓如識

一五、在北京六年之涵容

在南通上學，生活全由學校管理，相當嚴格，不能稍有越規之舉。尤以中學課業較重，不敢懈怠，虛耗寶貴之光陰。及入大學，完全改變。除少數同學住學校宿舍外，多數同學皆住於學校附近之公寓中，即在公寓或小飯館吃七元一月之包飯。公寓內可以通宵玩牌打拍克，或外出遊蕩看京戲。一切自由，無拘無束。

予讀北大乙預科。一年級國文科有所謂「模範文」，選印散文若干篇發給學生，一學期講不到十篇。又有「中國學術論著集要」，第一篇為莊子天下篇，一年未能講完。又如英文科，大部分鐘點講授佛蘭克林自傳。作文時間則僅練習造句，並不命題作文。其他更無任何重要之科目。如此課業，豈不輕鬆？二年級第一學期雖開出許多科目，如某某通論與某某概論之類，但在第二學期為節省經費計又一律取消。只讀中國學術論著集要、文論集要、英文、法文與西洋近百年史等十八小時之課而已。迨入本科歷史學系，課程既不完備，又常有科目而無人講授。師資甚差，多濫竽充數之人。若就實際標準論之，落後遠矣。然則此六年之歲月，豈不白費？

是又不然。

予以為任何人既有靈活之頭腦，必能思想學習；又具文字之根基，必能讀書撰文。有此雙重利器，自可選讀應讀之書。偶遇困難，則與師友商討研究。又何須全賴課堂之講授？予讀北大預科，學校課業雖淺；但予考慮來日入本科將讀何系。初擬入哲學系，乃試讀儒家之五經三傳與先秦諸子。繼擬入英文系，乃先讀英國文學史與大一散文選等書。終感哲學及英國文學與我無緣，而決定入歷史系。遂先讀資治通鑑，繼讀四史。此皆在課業之外自動選讀之書也。

北大本科各系選課制度：每週上課一小時、讀滿一年，得一單位之成績（等於現時之二學分）。四年讀滿包括必修科在內之八十單位即可畢業。但每學年選課最少不得低於二十單位，最多不得超過二十五單位。即使三年讀滿七十五單位，仍須再留一年，讀其所欠之五單位。何以作此限制？蓋欲學生在學術空氣濃厚之環境中多受涵養與薰陶也。

京師為人文薈萃之區，名人學者，每在其地講演。予嘗在北大二院禮堂聽蔡校長孑民先生長期講美學，又嘗在二院禮堂聽梁漱溟先生長期講「人心與人生」。予在中學即曾讀胡適之先生之《中國哲學史大綱》上卷。在北大肄業時雖未選讀其課，但曾旁聽其中國中古哲學史，專聽所講之禪宗，記筆記二三十頁，猶如聽長期之講演。又從予在北大時所作殘缺不全之日記中，尚見到許多名人之講演。如美國哥倫比亞大學教育學院院長孟祿博士在北大之講演，俄國盲詩人愛羅先珂與印度詩人泰戈爾之講演。尤有趣者，梁啟超先生突然在北大三院大禮堂舉行講演，批評胡適哲學史大綱。第二次講演時，胡先生亦在坐靜聽，並擇期答辯，釋其疑問。

凡此所述，皆足增青年學子之見聞而獲兼收並容之美。故予繼「在南通六年之進益」後，書此「在北京六年之涵容」。

一九九四年七月十九日卓如謹撰

一六、略述改革油坊之經過，並自我檢討其得失

改革油坊事因無記錄可供參考，只憑記憶所及，分三步驟述之。

（一）由閔君仲惠介紹南通全昌機器廠廠主沈君彥行承辦搬運引擎，加製軋豆滾筒、磨背鐵齒輪及碾米機兩架，並購來水泥黃沙，負責安裝引擎與磨豆碾米機器。油坊同時停工，解除牛隻與大碾子，讓出地盤，以便改裝新機器。

（二）裝成之後，雖能運用，但常發生困難，以致停工修理，損失頗大。

（三）為一勞永逸計，再與沈君訂約，由全昌廠另製二十匹馬力引擎一座，加裝作房內應用，並增碾米機兩架。於是以中製引擎為主，德製引擎為輔，平時只開一機，忙時兩機並用。又置兩匹馬力之直流發電機，在機器工作時，全坊皆有電燈可用。改革之事終底於成。

予在改革油坊之前，心中先存油坊養牛從事工作，效率既慢，又不衛生之觀念，故欲改用機器。又有德國工業發達，機器精良之觀念，故向西門子洋行買引擎。除引擎外，尚須配製若何機器？德製引擎，能否配合任何工作？皆未計及。幸賴閔君仲惠在唐家閘開一機器磨豆之油坊，可為樣版。其時何以不先到閔家油坊考察；詢知一切，然後著手改革？而竟先往上海買下引擎，後到南通參觀閔家油坊。雖由閔君介紹全昌廠承辦後來諸事，但已鑄成大錯。

德製引擎相當精細，飛輪每分鐘轉八百多轉，不宜作碾豆磨路之粗工，反須調減其速度，每分鐘走二百多轉。此又為外行人事前所不知。故裝成後雖可應用，而易損壞，不得不停工修理，造成莫大之損失，終由全昌廠重裝一機以解困難。改革之費因之倍增，影響油坊之前途者甚巨，此皆予之粗心大意所致也。

一九九四年七月二十二日，卓如撰

一七、予所試行之國文教學法

予授國文，先指出擬講之課文令學生預習，次在課堂上由學生輪流講解。次由予復講一遍。然後討論其文之意義與作法。最後；對語體文則測驗其內容，對文言文則令學生熟讀能背誦。因師範生無英文之累，有暇多讀國文，進步較快。

有時亦與他科聯絡教學。如授木蘭辭與岳飛撰滿江紅詞，即請音樂教師先教學生歌唱。當予講畢此詩此詞命彼等起立合唱時，無不眉飛色舞，興趣濃厚。

每兩週作文一次，一學期共作九篇。予以為命題之適當與否，與學生作文之興趣大有關係。故每次作文題皆經極大之考慮。我授完冰心「寄小讀者」，及葉紹鈞「母」二篇描寫母愛文字之後，即出「我的父親」、「我的母親」、「我的家庭」等題。授完蘇梅之「扁豆」一課，即以校內到處可見之「筍」為作文題，使彼等試作小品文。

在一次作文之前一日，予約全班同學在早操前齊集操場上欣賞一幅美麗的圖畫。翌晨，彼等果然在操場上等候。予一到，即先指著東面天上各色鮮艷之雲霞與半山中冉冉而出之一輪旭日給彼等看。再轉向西面，許多抽嫩條之樹枝上掛著一個無力欲墮之殘月。彼等有人發現襯著彩霞之山色與平時不同，有人注意裊裊不絕之炊烟，有人聽到清脆悅耳之鳥聲，更有人嗅到春晨香甜之空氣。彼等皆陶醉於此一天然圖畫之中。第一課正是作文班，予欲彼等寫出今晨領略之景色，彼等皆甚喜悅，覺得資料非常豐富而又飽涵文學意味。予遂寫下「春曉」、「初春的早晨」、「春晨旭日」與「曉風殘月」等題。

題目既出，即命彼等計劃文章內容、布局與描寫之方法。予有時略作正面之指示，有時告以如何寫法則不佳，有時全由彼等自擬大綱，予不參加意見。每次作文二小時，規定當堂交卷。

批閱作文有三項原則：一看語句是否通順，二看思想是否明白，三看敘述有無層次。看清此三點，便有三種改法。程度低者注意其晦澀之處，以求語句之通順。中等者，則啟發思想之路徑，指點敘述之層次。程度高者，則在布局修辭等方面加以調整與潤飾。總批語不必篇篇有，眉批則越多越好，藉以糾正其瑕疵。

一九九四年七月二十八日，錄民國三十七年一月

逃難在舒城鄉間王家大莊子之舊作。卓如識

一八、跋建功兄令祖慰農先生家書卷子

建功兄以其令祖慰農先生家書手卷見示。觀其訓誨周詳，溫呴備至，綿密小楷，累至數萬，足見老人主敬主誠之風範。猶憶三十年前始與建功、金源共讀南通省立第七中學，嗣又相繼入北京大學，砥礪學行，相視如手足。余卒業後與金源在杭共事數歲，與建功相失者十餘年。亂離中不期相遇於蜀。從此江鄉竹屋，昕夕相隨，又復同來海上，共講席於大學。今建功以語言文字之學蜚聲藝苑，不負其先德之期望；金源則於變亂之際，餓死舊京，大節凜然。而予年坎坷，學殖荒落。披覽此卷，不禁撫然！民國三十六年五月二十四日夏德儀謹識於臺北龍坡里寄廬。

一九九四年八月八日錄舊作

一九、答冷君容庵，略述明成祖生母問題

容庵先生：

夏燮明通鑑卷首義例有一則云：「明成祖於建文所修之太祖實錄一修再修，其用意在嫡出一事。蓋懿文太子薨，則其倫序猶有秦晉，若洪武之末，則秦晉二王已薨，自謂倫序當立，藉以文其簒逆之名也。並引用周王五人同母者，蓋燕周本同母也。」按建文所修太祖實錄，必明著諸王之生母，永樂中兩次修改，即為此故。後修永樂實錄，遂逕謂：「高皇后生五子，長懿文太子標，次秦愍王樉，次晉恭王棡，次上，次周定王橚」。實錄如此，玉牒自亦如此。清修明史自亦仍之。故成祖本紀云：「母孝慈高皇后」。

然在《明史．列傳》中則有三處可以反證成祖之非嫡出。（一）卷一一三太祖孫貴妃傳：（貴妃）位眾妃上。洪武七年九月薨，年三十有二。帝以妃無子，令周王橚行慈母服三年，東宮諸王皆期。敕儒臣作孝慈錄。庶子為生母服三年，眾子為庶母期，自妃始。據此傳，可知周王本為庶子，故可認他庶母為慈母而為之服三年。燕周既同母，則燕王亦必庶出也。（二）卷一一六周王傳：「建文初，以橚王

母弟，頗疑憚之，橚亦頗有異謀」。（三）卷一四一黃子澄傳：「子澄曰：今欲問罪，宜先周，周王燕王之母弟，削周是剪燕手足也」。又若燕周果與太子標同母，則燕周之母即建文之祖母，黃子澄在建文帝前何能作此口吻？故從上引（二）（三）兩條之文觀之，燕王自與周王同母，不與太子標同母，周王僅為燕王之羽翼，於建文帝則較疏也。

潘聖章《國史考異》（藝文印書館《明史》後附印此書）卷四云：「南京太常寺志所載孝陵神位，左一位淑妃李氏，……右一位碽妃，生成祖文皇帝」。李清《三垣筆記》（原為禁書，清末始有刊本）亦謂曾閱南太常寺志所載之文。據此二條實證，乃知成祖為碽妃所生。孟心史先生云：「由此始悟明北京太廟，一帝只有一后，繼后及列帝生母皆不配享，殆即成祖遷都定此制，以便抹殺生母，不留痕跡」。

關於成祖生母之考證，有左列論文：

傅斯年：明成祖生母記疑（原載史語所集刊第二本第四分，亦載傅孟真先生集第四冊一五六－一六九頁）。

李晉華：明成祖生母問題彙證（原刊史語所集刊六本一分）。傅跋彙證並答朱希祖先生（原刊史語所集刊六本一分，亦見傅集第四冊一八二—一九二頁。）

專此奉覆，順頌大安。

弟夏德儀謹上。四月四日。

一九九四年八月九日錄舊札

二〇、覆陳君萬鼐函，論明惠帝出亡事

萬鼐先生惠鑒：

前由藍乾章兄轉來手示并大作，拜讀之餘，深佩足下於建文出亡事用力之勤。尊著最要之點似在以讓氏家譜證實惠帝行遁說之確鑿。但讓氏家譜敘其得姓之由，恐亦近於附會。按宋人邵思所纂《姓解》一書中已見讓姓，謂出姓苑。此書世久失

傳。邵氏《姓解》有古逸叢書影北宋槧本及叢書集成影古逸叢書本。書首載邵氏自序，作於宋仁宗景祐二年，是在明代以前早有讓姓也。近年來研究此一史事者，當推王君崇五，其所著《靖難史事考證稿》及《奉天靖難記注》（二書均商務印書館三十七年排印本）頗具新見，公餘之暇，一讀王君之作，當知此一問題之不簡單也。匆此奉覆，順頌大安。

夏德儀謹覆。民國四十四年四月二十一日。

一九九四年八月十日錄舊札

二二、明代的長城

現在我們所見的長城，並不是二千年前秦漢的舊物，而是明代的邊牆。關於明代修築邊牆的經過，要從明代初期的國防說起。元朝的皇帝（元順帝）雖被明太祖趕出大都，但還據有蒙古，保持相當的實力，隨時有南下恢復的可能。因此太祖開國以後，對外的問題，第一在於抵禦北虜。他曾先後派遣諸將，率領大軍，出塞追擊。又命魏國公徐達在今河北省北部山海關與古北口間建立關隘。又陸續分封他的兒子到沿邊去鎮守：遼王駐廣寧（今遼寧省北鎮縣），寧王駐大寧（今熱河省寧城縣），燕王駐北平，谷王駐宣府（今察哈爾省宣化縣），代王駐大同，晉王駐太原，秦王駐西安，慶王駐寧夏（今寧夏省的省會），肅王駐甘州（今甘肅省張掖縣）。大寧以東的開原、鐵嶺、瀋陽、和大寧以西的開平（今察哈爾省多倫縣）、興和（今察哈爾省張北縣）、東勝（今綏遠省托克托縣）等地，都是國防的前哨，設衛屯兵。而這九個扼邊的所謂「塞王」，也都擁有強大的兵力。他們每年勤兵巡邊，遠涉塞外，叫做「肅清沙漠」。明太祖的這番佈置，打下了明代從東北到西北的邊防底稿。

成祖雖曾五次親征漠北，並將國都移到接近國防前線的北平，又常令邊將在居庸關外宣府、萬全沿邊險要之地築塞防虜，但他棄大寧於兀良哈，而使遼東與宣大聲援阻絕，卻是一大失策。後來大寧之西的開平、興和、東勝等幾個重要據點，便因大寧之放棄而顯得孤遠難守，也只好相繼放棄。於是太祖所擬定的一條採取攻勢的國防線，從成祖時起便開始向後轉移了。

英宗正統時，雖也在宣府沿邊以及花馬池（今寧夏省鹽池縣）一帶，增築墩臺，以便瞭守，但終於免不了土木堡（察省懷來縣西二十五里）的失敗。土木之變以後，虜勢日盛，邊患日緊，防邊之事，就不是僅如以往在險要之地修築堡壘式的要塞所能濟事了。於是從憲宗成化初年起，有人建議在沿邊築牆來做保障。成化七年（一四一七）余子俊巡撫延綏，更以修築邊牆為當務之急。他認為「自古安邊之策，攻戰為難，防守為易」。他幾次奏請「在陝北沿邊山崖高峻之處，依山剷鑿，令壁立如城，高可二丈五尺。山坳川口，連築高垣，相度地形，建立堡堠」。其他邊軍將領也都贊成這個主張。成化十年（一四七四）的夏天，果然動工興築。當時役兵四萬多人，在三個月間，築成一條東起清水營（在今陝西省府谷縣北），西迄花馬池，計長一七七〇里的邊牆。沿邊分佈著幾百個城、堡、墩、臺，有的是新建的，有的是移置的，有的是舊有而加以修理的。這是明代第一次大規模修築的邊牆。這一段邊牆造成之後，北虜多年不敢窺邊。可是明朝卻也因此而疏於邊備，三十多年後，這段邊牆有些地方已經塌了，敵人常常毀牆而入。所以到武宗正德初年楊一清總制延綏、寧夏、甘肅三鎮軍務，又建議修補。結果因為太監劉瑾從中作梗，只在要害之處築牆四十多里就停工了。直到世宗嘉靖九年（一五三〇），總督王瓊自寧夏經定邊營到橫城（今陝西省橫山縣），築成三百餘里的「花馬池邊牆」，纔完成了現在地圖上從寧夏向東經鹽池、定邊、靖邊、橫山、榆林、神木而迄河曲的一段長城。

嘉靖中葉，俺答屢次大舉入寇，總督宣大軍務的翟鵬、翁萬達也相繼修築邊牆。他們在嘉靖二十年以後的四十五年間（一五四一至一五八五年）先後動工三次。第一次築成九百三十餘里，第二次二百餘里，第三次八百里。於是從山西西北的黃河東岸起，向東經大同、宣府迄居庸關的一條外邊以及西由偏頭向東經寧武、雁門、平型、龍泉、倒馬、紫荊等關而迄居庸關的一條內邊，大致完成。

神宗萬曆初期，幾乎年年都有築牆之事，惟所築多在東部宣大薊遼諸邊。興工情形，不再瑣述。

關於由寧夏向西經河西走廊止於嘉裕關的一段邊牆，因為參考資料不夠，難作確切的說明。我想這一段大概是在余子俊創築延綏邊牆之後，由甘肅邊官因前代長城的舊址陸續修建而成的。

此外，明代在遼東方面也建有邊牆。遼東邊牆的建置，據《全遼志》說，是先「編木為垣」，再「易以版築」。從正統年間開始建築，歷天順、成化、弘治、正德諸朝，或展築，或葺補，到嘉靖間全部完成。萬曆時，建州女真的勢力興起，明朝對於遼東邊牆的修築也十分注意。遼東邊牆經行的路線是由山海關向北到廣寧，紆曲而南，再跨遼河東北行，經遼陽、瀋陽、鐵嶺等地的外圍，北抵開原。又由撫順向東南，經靉陽（今安東省鳳城縣）而達鴨綠江邊。現在地圖上畫著的是代表清初為防蒙古入寇而建的柳條邊，其路線和明代所築邊牆不盡相同。

在說完了明代修築邊牆的經過之後，還有幾點粗淺的意見：

第一、明代的邊牆，並未遵循太祖所擬的藍圖，而是依照成祖以來向後轉移了的一道防線來修築的。因此棄河套於邊外，北虜卻常據河套而入寇，成為明代的巨患。世宗時，夏言、曾銑曾有恢復河套之議，可惜又被嚴嵩破壞了。

第二、明代之築邊牆和明代國勢的強弱恰成反比例。洪武、永樂時期，重在征討，所以不必大規模的修築邊牆；土木之變以後，無力進攻，只得築牆來守邊。

第三、即以築牆而言，卻又沒有一套整個的計劃，只看那一方面吃緊，便在那一方面築牆。敵人退了，也就鬆懈下來。無怪前人所築，經過二三十年，牆就塌了，牆外的濠溝也填平了，後人又須大加修理，甚至重行建築。

第四、就當時的武器和戰鬥技術來看，以邊牆為防守的工具，原不是全無用處的，但必須有其配合的條件。所謂配合的條件以屯田為最重要。明代開國以後，首先在邊塞開屯，且耕且守，既省運輸之勞，又能充實邊儲，供給軍食。可惜這種軍屯制度從天順以降就逐漸廢弛了。後來雖然大規模修築邊牆，卻沒有大規模恢復軍屯；因此邊牆在明代的國防上終究發生不了多大的效用。

上面幾點意見，目的在於說明明代邊牆的得失，是否確當，請諸位指教。

一九九四年八月十五日錄民國四十四年十一月舊作

二二、吾父一生待人之忠厚

在予出生之前，關於吾父之事，予皆不知。吾父亦從未與予弟兄言之。後自舊書麓中見到多篇文章卷子，始悉吾父曾從師習八股策論，欲考上秀才，以光門楣；不幸未能達此目的，遂棄學就商。在予幼年記事時，吾父已在時堰鎮上六股合營之允升油坊服務。

予幼年喜活動，常闖禍，吾父向無一言以相責。其後在外上學，按時寄款，只有少要而多給，決無扣減不給之事。予好買書，吾父亦不阻止。予改革油坊，因未先事研究而多耗費，吾父亦無一句抱怨之辭。

民國以來，吾家獨營永生油坊，坊中照樣有管事、管作、副作、管賬、副賬、出水、簽秧、卸載與中班同事及學生共十餘人。吾父雖於油坊諸務無不熟知，然不以老板身分干涉業務。平日只是到處幫忙，終朝罕有休息之時。

油坊售門市油餅，皆依當日牌價，從無還價之餘地。然亦有頭腦靈活之人素知夏家老板是好人，有求必應，故多尋找吾父，獲得稍減其價之優待。

吾家親戚多居鄉間。每月三、六、九為時堰鎮船廠之期（各地人來此買賣船隻），來人必多。親戚固當招待，翟家莊之同族本家更非外人。餘凡沾親達故者，無不繫舟河下，登岸吃午飯。故每逢廠期，坊中必多備十數人之午餐應此需要。

親戚朋友互通有無，原為我國傳統之古訓。吾父之表兄陳振遠與表弟振運皆務農，年需豆餅以肥田。一時無現款，要求欠賬。油坊無欠賬之例，而吾父允之。其後且成老例。甚至許多熟識之人，並非買油買餅而臨時挪用者亦漸不計其數矣。

吾家親戚非皆如吾父之表兄弟也。若予之二三兩姑丈亦務農而皆富有，常來鎮上作稻麥糧食之投資，於秋收新穀登場時買進，待來春價昂時賣出。彼等在來往賬上有存款待用，既不需墊款，又不欠分文，只是買進賣出時為之照料，既不需墊款，又不欠分文，只是買進賣出時為之照料，收藏時為之晒乾。至於堆糧食囷子需用之蘆蓆（俗稱曰籧）與蘆摺皆取之於油坊。姑丈如此做，其他親友亦能如此做。於是油坊之地面上東一囷子，西一囷子，成為不收費之堆棧，且負擔摺籧之消耗。

油坊最初之基地係買自鄰居羅二老板（忘其名字）之手。羅君家境日趨衰落。每當舊曆過年之前，即抱一捆稻草睡在油坊店堂內，口中聲稱「活不下去，只好賣命」。同時又有同樣之人將東大門或西大門取去，其意亦在「打抽豐」。吾父念其窮困，酌給現款以濟之，不以其行為為可恥也。

以上所述係外來之侵擾，皆不傷吾父之心，蓋吾父一生待人之忠厚，全出於天性之善良，富同情心，無人我之別，寧損己以助人，不願損人以利己也。請更舉三例，以明吾父自動助人之雅懷。

一年夏旱，無水開田插稻秧。遂無人買豆餅，未用之豆不能再做豆餅。忽有人建議早年種豆。各村鄉農乃紛紛向油坊零買黃豆試種之。坊中剩餘之豆竟由八元一石漲到十元一石。吾父出而阻止，認為寧可虧損，不可賺此黑心錢。其實每一鄉農至多買豆種數升，又何在乎每升貴二分錢。此其一。

同鎮有李長榮（字仁卿）者，家風不正，穢聲四聞，人多鄙之。李某開一仁記糧食行，每當某種糧食賣不出時，即託售於吾父，吾父皆買而藏之，有時且獲其利。故平日常有往還。一日，李某懇吾父作保，向某錢莊借款以擴充其生意。吾父果為之保，而受其欺，代贘其債。吾父以為此等人若加以援手，亦可步上正途，不意其終為小人也。此其二。

同鎮又有一李文廣者，貧無立錐。吾父念其窮，租屋兩間與之；一以住家，一開礱房（以木礱拉去稻穀成糙米）。積資稍多，擬開一零售米舖。吾父又在河西行房旁租一小間與之，言明每日租金銅元三十枚，月杪交來。相處稍久，吾父頗賞其既肯努力，又守信用。待其積資愈豐時，擬開一機器碾米廠。吾父不因吾家油坊已有碾米部門而忌之，仍租與廠房數間，免收押租，並多方助之而樂觀其成。不料事先之估計欠正確，米廠雖成而餘資已罄，只得賴借債以維持。又因新開之廠，其名不彰，難以吸引遠方米客來做買賣。故終以營業不振而倒閉。一時債務紛擾，無以為計。終因其廠設在吾家屋內，故由吾父為之收拾，勸其重循舊路，以礱穀與賣零升米為自活之方焉。此其三。

餘如同鎮張月波之借款與孔立齋之借棉花，吾父亦皆損己以助之。予不詳知其經過，故未瑣述。至於其他損己助人之諸小事，則更述不勝述矣。

吾父平日生活至為簡樸，唯以助人為急務。抗戰期間，偽軍佔擄油坊，拆屋三間，將屋梁鋸成小段賣圓器店，吾父對此等事非常痛心。其後整個油坊由吾二弟獻與國營。予推想吾父之意，足冀油坊能安然存在，且因國營而致擴大，必甚樂之，決不計產業之屬於私有與否也。

一九九四年九月十六日卓如謹撰

二三、覆大學聯招委員會主任委員杜元載

元載主任委員大鑒：

昨接貴會來函暨七月廿八日中央日報第四版刊載「今年大專聯考兩則試題中的問題」一紙，囑即解答，以便貴會在報上答覆。茲就有關歷史試題部分，解答如左。

查歷史第一題「先秦」二字雖未見於標準本高中歷史第一冊，但命題人認為係一般高中畢業生應具之常識，決不致因「先秦」二字而使考生無從作答。然此一想

法，或為命題人主觀之武斷，請舉二事說明其不誤。標準本高中國文課本內選有孟子、荀子、莊子、列子、韓非子、呂氏春秋及漢書藝文志敘等文，教師講述此等文章時，豈有不說到「先秦諸子」或「先秦學術思想派別」之理？即謂教師口頭說到與否，無法憑信，而課本內明明有「先秦諸子」、「先秦學術思想」（見第二冊一百四十三頁）及「先秦古籍」（見第五冊七十九頁）等字樣。高中學生既皆讀過國文課本，豈有不知「先秦」二字意義之理？更不能謂得之於國文科者不能應用於歷史科也。

連日據閱卷諸位先生云：從歷史第一題之答案上可以看出大多數考生皆能就題作答，其因試題用「先秦」二字而無從作答者並不多見。斯言果確，益足證一般考生原皆了解「先秦」二字之意義，只彼署名「一群考生」之人缺此常識耳。若謂閱卷者之言籠統不可信，貴會不妨另派專員，趁此閱卷之際，作一確實統計。

以上所述為命題人應貴會要求所作之解答。命題人亦有不能已於言者。請為貴主任委員陳之。

一、關於聯招之事如有任何問題，考生或其家長本可用真姓名，真地址正式函詢貴會，似不應在報端讀者呼聲欄內以一群考生之名義直接對出題先生提出抗議，以冀引起社會輿論之責難。

二、貴會對此類理由既不充分，而又為不負責任之匿名「呼聲」，是否有答覆之必要，似亦值得考慮。

命題人夏德儀謹覆。五十二年七月三十一日。

此函既發，次日即在高中課本本國史上冊百〇八頁十行找出「先秦」二字。若早一天查出，即免浪費筆墨矣。

八月一日卓如附識。

一九九四年九月二十日錄此函稿入年譜附錄

二四、記許逖對予講授明清史之攻訐

民國五十三學年度（五十三年八月迄五十四年七月）明清史記分簿上有法學院商學系二年級學生莫國澤（學號為五一三四三九）修習此課，第一學期得六十分，第二學期得二十八分，不及格。按學校規章，不及五十分者不能補考。五十五學年度（五十五年八月迄五十六年七月）明清史記分簿上又有歷史系三年級學生莫國澤（學號同前）補讀此科第二學期之課，知其於五十四學年度降一班轉入歷史系。補讀結果，又不及格，不能補考。予本不識其人，因在五十六年五、六月間將舉行學期考試前彼來予寓晤談，故得識之。彼謂係僑生，轉系後補讀功課多，有時上課時間衝突，不能全部按時受課，但在課外看書自習云。予告以向不點名，學生上課與否予亦不知，只要考試及格即可。考試後，來問分數，告以尚未閱卷。越數日又來。取其卷示之，僅三十分。彼頗驚疑，不信其成績如此之壞，要求給以補考機會。予告以如認為試卷評閱不當，可請他人重閱，增改分數則不可。彼乃怏怏而去。

本系教授徐子明先生原為中大教授。予之小同鄉沈君兆龍為其受業弟子。沈君有子名國文，肄業臺大農學院，常來訪晤。三十七年秋徐先生來臺之前，沈君先有書來，託予照料其令師。徐先生既挈眷來臺，先住校總區圖書館後樓空屋內，予曾晉謁。旋即遷入溫州街十八巷五號臺大宿舍，與予為隔一家鄰居（予居一號），故常造訪，助其處理瑣務。猶憶初次拜訪時，彼詢及系中事，予略述過去情況，並聞今夏已聘定李宗侗先生任中國上古史。彼即問此君能讀古書否？予謂素不相識，不知其能否讀古書。於是大談古書不可不讀，並慨歎於今時從烏龜殼上講古史！又謂今人喜濫用革命二字，如工業革命、文學革命之類。興奮之餘，忽詢予曰：「汝知古代所謂革命之意義乎？」予應之曰：「湯武革命，順乎天而應乎人。」彼頷首認可。

徐先生初在本系開西洋中古史與史通二課。其授史通，一年僅講數篇，逐句解釋，並不討論史學，學期考試則當堂抽背幾段，隨時記分了事。嘗謂學生曰：「汝等如能熟讀此書，則可當中文系教授之教授。」其蔑視中文系教授也如是！又在授課時偶爾說到「五胡」，彼又謂學生曰：「如猝然問本系任何教授『五胡是那五胡？』恐無一人答得出！」其蔑視本系教授也又如是！無怪彼常有阿貓阿狗皆為教授之歎也。予以其自視過高而待人殊無禮貌，故漸遠之。即本系諸同仁亦莫敢與之近。又其上課時大部分時間耗於罵人，選課學生亦甚少。後竟公然以高分引僑生來選其課。予常於書室南窗外見學生三五人送徐先生回家，莫國澤則其一也。

莫國澤不自責其學業之差而恨予之分數太緊，並連帶說予講授之不善，皆不足怪。而徐先生則聽其言斷定予授明清史未嘗讀過正史中之明史。又適有尊崇徐先生之人許逖者據其言為文責予拒絕讀書，謂予不學而教！

許逖之文作於五十六年九月八日，刊於十月發行之《陽明》雜誌第二十二期。其中「二、教而不學」一段，係對予攻訐之文字，所謂「C先生」者即指予也。許逖先肯定予「拒絕讀書」，故以「至少為人師表者不可拒絕讀書」相責。不知許逖何所據而謂「這類教而不學的人物，老一輩中最典型的是某國立大學的明清史教授C先生」？許逖謂「C先生授明清史，對明清兩代的政治社會、典章制度、文物學術絕口不提，所津津樂道、喋喋不休的，總是明朝梃擊，紅丸、移宮三大案，東林黨與閹黨之爭等故事。」許逖未嘗聽予之課，何能僅據莫國澤之敘述而對予提出指摘？許逖於四十八學年度入臺大哲學系肄業，杜維運先生授彼大一中國通史課，聞許逖頗尊敬杜老師。按杜先生曩在外文系一年級肄業時，予曾授其中國通史；轉入歷史系後又曾修習我所講授之中國近代史；四十四學年度讀歷史研究所碩士班時又曾選修明清史。杜先生對予教學之優劣必甚了解。許逖何以不向杜老師探詢予之授課情形，或借其明清史筆記仔細一閱，而竟僅聽莫國澤之謊言，貿然對予提出非事實之指摘，並引申為「教而不學」之最典型的人物？

許逖又描寫「C先生在臺上講述起來固然眉飛色舞，自鳴得意，堂下的莘莘學子也是一個個聽得興趣盎然，可是課後學生們略一思忖，C先生的所謂明清史課，實在沒有東西」。此為許逖全憑想像力寫成之文字，並藉「學生們」之口道出「實在沒有東西。」讀者不察，或佩其筆調之尖刻，視為上乘罵人之藝術，予則堅決反對此種全無實據、故入人罪之誣辭也。

許逖又據「個人片面的認識」，謂「C先生以這種扯淡法來教明清史雖有多年，似乎對於明清兩代的正史就從未正式涉獵過。」許逖又「考其原因」，「不是C先生沒有閱讀能力，而是讀書傷神費腦，有悖養生之道，必須嚴正地加以拒絕。」此所述者皆為許逖之推論，定欲置予於「重視養生之道」而入「拒絕讀書」者之列，予有何辭可辯。

根據現存之點名記分簿，予自四十二年迄六十年間共開明清史課九次，每次修習人數，多者九十二人，少者二十七人，總計四百七十一人。就系別言，本系同學約佔百分之九十五，外系同學約佔百分之五。就予所認識者言，其為本系畢業而在本系任教，或在國內外各大學任教者，不下三十餘人。二十多年來，含許逖外未聞有一人對予之明清史課有所責難。許逖如真欲「矯正學術界之歪風」，何妨作進一步之調查；若徒狺狺然若野犬之狂吠，豈不更長學術界之歪風乎！

一九九四年九月二十三日錄舊作，卓如識

二五、明代中國與非洲之關係

中非關係，在唐宋時期，大概是靠著阿剌伯人做媒介，中國方面只從他們那裡得到某些產自非洲的商品和若干模糊的傳聞。到蒙古興起之後，三次西征，擴大了中西交通的範圍。旭烈兀西征，蒙古軍遠達敘里亞和地中海東岸的塞浦路斯島。雖未直攻埃及，但已達到埃及邊境，蒙古人對此等地區的情況應有相當的了解。又元人汪大淵撰的《島夷志略》記層搖羅國，據沈曾植注，層搖羅應作層拔羅，就是諸蕃志的層拔。又因為原文說此「國居大食之西南」，所以藤田豐八認為就是Zamjibar的對音，在非洲東岸。如果此一猜測不錯，則元代後期的汪大淵便曾到過非洲了。《四庫提要》說他在「至正中，嘗附賈舶浮海，越數十國，記所聞見成此書」。足見此書所記皆係親歷之地。從上述兩個事例來看，可知元代的中非關係是比唐宋時期進步了。到了明代，則更進步。因為不僅中國人能直達其地，還發生直接的政治關係和經濟關係。

《明史》三百二十六卷外國傳七記了四個國家。一、木骨都束，二、不剌哇，三、竹步，這三國都在今東非索馬利國南部沿海，四、麻林，在今肯亞境內濱海之處，在竹步之南。《明史》記木骨都束在永樂十四年來貢，命鄭和往報。後再入貢，復命和偕行賜王及妃綵幣。二十一年貢使又至。宣德五年，和復頒詔其國。《明史》記不剌哇在永樂十四迄二十一年凡四入貢，並與木骨都束偕。和亦兩使其國。宣德五年，和復往使。《明史》記麻林於永樂十三年入貢，十四年又貢。

《明史》外國傳七，在麻林之前，有一個剌撒。史謂「自古里順風二十晝夜可至」。據同卷謂「阿丹在古里之西，順風二十二晝夜可至」。因而推想剌撒可能在東非北部海岸。阿丹在阿拉伯半島西南岸，所以多走二晝夜。況且傳內又說剌撒四次來貢皆與阿丹、不剌哇諸國偕，足見此國北與阿丹、南與不剌哇皆不甚遠。又傳內記地理環境、生活形態及物產與木骨都束、不剌哇、竹步大致相同。所以推定此國亦在東非沿海，只是尚未找到一個地名可以對音，迄今尚未確定其地點。此國先於永樂十四年來貢，命鄭和報之。後凡三貢。宣德五年，和復往使。足見明代與非洲來往的國家尚有剌撒。

以上《明史》外國傳所記非洲五國來貢情形皆甚簡單，也許實錄裡所記來貢次數與年代，或較詳盡，所以還有翻檢實錄的必要。

至於明代與非洲的經濟關係，資料更多，現在先舉一個有趣的例子。《明史》

外國傳七，記麻林於「永樂十三年遣使貢麒麟，將至，禮部尚書呂震請表賀。帝曰：『往儒臣進五經四書大全，請上表，朕許之，以此書有益於治也。麟之有無，何所損益，其已之。』已而麻林與諸蕃使者以麟及天馬神鹿諸物進。帝御奉天門受之。百僚稽首稱賀。帝曰：『此皇考厚德所致，亦賴卿等翊贊，故遠人畢來。』」這是非洲麻林國貢麒麟的一個故事。同卷阿丹國傳說：麒麟前足高九尺，後六尺，頸長丈六尺，有二短角，牛尾，鹿身。從這個描寫斷定所謂麒麟還不是非洲所產的長頸鹿嗎！

明史所記非洲諸國，宣德以後罕來朝貢，然經濟關係並未中斷。茲舉一例以為佐證。明世宗信道，終年忙於營建齋醮，香燭需要量大。明史食貨志謂嘉靖中期以後，用黃白蠟至三十餘萬斤，沈香、降香、海漆諸香至十餘萬斤。又分道購龍涎香。《明史》記不列哇、竹步、刺撒皆產龍涎香。《明史》記古里貢物中有龍涎香，可能取自非洲。

武宗正德以降，歐人東來，中非關係當更發展。

一九九四年九月二十五日錄舊作

二六、記外雙溪修禊雅集

昨接慕陵禊集小簡，略謂「本年歲在癸丑三月三日（陽曆四月五日）上巳嘉辰為永和九年第二十七度。外雙溪山陰，曲水潆洄，猶有前人『流觴』石刻（新名為流水音）。吾人生千載後，欣逢此日，幸何如之！爰訂是日下午在流水音舉行修禊雅集，敬祈駕臨。」乃於下午二時，與靜農攜酒同往。參加者有孔達生、王壯為、汪中、孫雲生、喻仲林、婁子匡、夏永楹等三十餘人。其地在故宮博物院後半山之上，有曲澗一道。莊公預製木斗數十，由上游放下酒斗，斗隨流水而下，人在澗旁取而飲之，佐以佳餚，藉仿千六百二十年前此日王羲之蘭亭修禊之故事。五時又與靜農同返，並帶回酒斗一以留紀念。卓如謹記。

一九九四年九月二十六日錄自是日日記

二七、唐代之軍事與馬審查意見

此又提出之問題為馬在軍事上的功用，馬與戰爭勝敗、國家興衰的關係，馬對軍事的影響。此三論點皆以唐代為限，故標題曰「唐代之軍事與馬」。其實文中所論多係通性，不獨唐代如此，歷史莫不皆然。

如本文第一部分論馬在唐代軍事上的功用為作先鋒、誘敵、挑敵、襲擊、逃奔、追擊等等十項功用，並從兩唐書、《冊府元龜》將帥部及《通鑑》唐紀抄錄許多條文字以明之。其實歷代正史及其他著作中皆不乏此類資料。馬在軍事上之功用，固不獨唐代如此也。

又如本文第三部分論唐代以兵馬並重。於是從全唐文等書中錄出「兵馬」或「士馬」二字並列之例二十六則。又從唐人詩中選取有「胡騎」、「萬騎」、「胡馬」、「萬馬」之詩句以明唐人普遍重視馬軍，故常有略騎馬之兵或人而單云「騎」。餘如「精騎」、「鐵騎」、「輕騎」等名辭亦從唐人詩文中摘取多例，以明唐代騎兵訓練之標準。按此類詩文辭句，能否證實唐人之重視馬軍以及唐代馬兵訓練之標準，固堪懷疑，何況此類名辭在我國古今詩文中觸目皆是，又不獨唐代為然也。

至於本文第二部分所論馬與戰爭勝敗之關係以及馬與國家興衰之關係，唐代如此，其他各代何嘗不然。

綜上所述，可見本文所論諸問題，似無多大意義。雖其資料來源甚廣，數量亦多，並經作者採用歸納法，探源法，追求因果法、考證法、推理法、演繹法、比較法、繪製圖表法（俱見李君申請獎助之論文摘要中）加以處理。然其成果，似亦鮮有價值。

李君前曾以「唐代的馬之研究」獲得本會二年之補助，作成尚未完篇之論文。當時評審結果，內容欠佳。今此申請獎助之文即為「唐代的馬」之一部分，而此一部分並非甚善，故難予以獎助。

一九九四年九月二十八日錄民國六十四年（一九七五）九月二十四日

在臺北寓所所作之審查意見

二八、記予與彝秉在杜倫所過之平淡生活

一九七六年之下半年，予等雖在璇女新買宅內住，而此宅與玖家甚近，步行十分鐘可達，等於在兩家住，日日可以見面。時正萬尚未畢業，玖在醫院供職，勉強維持家用。璇在杜克大學工作，薪給足夠生活。玫兒除上托兒所外，時來與予等同玩。兩家生活皆甚簡樸。

予等雖有綠卡，並未決定長期居美。璇寓伙食多由彝秉管理。彝秉亦常往玖家助其烹調。彝秉又屢做豆腐供兩家食用。若遇節日想吃肉粽子與豆沙粽子，則裹粽子又為吾妻之專職。予於家事雖無多大能力，但兩家需用之麵條餃兒皮子與餛飩皮子，皆由予助吾妻搖軋麵機製之。其時予二人最大之勞力，幾全耗於蓺蔬。每日在後院至少工作半天，或翻土，或播種，或移植秧苗，或加肥料，或搭棚架。全年亦有相當之收穫。

平日來往之人甚少。齊君丕勇為玖女在臺北北師附小之同班同學，常偕其夫人與吾兩家相往還。又有予在輔仁大學歷史系教過之洪克晴、吳逑華夫婦、彼等在杜倫開一中國飯館，經營得法，亦與予等常相往來。此外則有琦女偶攜霖霖來此團

聚，又有王國璋夫婦、汪榮祖夫婦偶來盤桓數日。然予等與外界親友藉電話以聯絡者固多，而信札之往還則更勤也。

予之書籍大半存於臺北寓所，寄美者除吾妻之字帖與畫冊外僅為不成系統之零星雜書。故此時期在閱讀方面，僅看新舊小說與其他雜書多種，未嘗研讀重要之著作。其獲益最大者，則在吾妻之寫大字與臨摹山水畫稿也。彝秉從臺北金君處取來畫稿多幅，逐日臨摹，興趣盎然。又從事於裱褙，所繪之稿，多自裱成鏡片或條幅。另又每日臨寫李北海雲麾將軍碑，亦饒興趣而有進益。

是年冬十二月杪與吾妻談及當時生活之情況，乃匆匆記之而成此文。

一九九四年十月一日錄舊作

二九、癸亥元旦在奧古斯塔華僑年會講辭——干支與門神

今日是舊曆新年的元旦。照中國傳統的說法，今年是癸亥年。癸亥出於甲子。甲子為干支之首。甲下有乙丙丁戊己庚辛壬癸，共十個，合稱十干。子下有丑寅卯

辰巳午未申酉戌亥，共十二個，合稱十二支。干支也稱甲子。據古代的傳說，甲子是黃帝時創作的，距今四千六百多年了。

干支相配，自古向左橫排，十干排在上面，十二支排在下面；上下相對，便成甲子、乙丑、丙寅、丁卯等等。這和天在上面地在下面一樣，所以又稱天干地支。天干排六次，地支排五次，共成六十對，又轉到甲子。（請看甲子表）。

干支是些符號，起初被用來記日。在河南安陽商朝後半期的都城遺址裡發掘出許多甲骨，上面刻有文字，就用干支紀日，說某月甲子日，乙丑日，丙寅日，丁卯日，不說某月一日、二日、三日、四日。這種應用，距現在也有二千二、三百年了。到東漢初期（公元二十五年以後），才用干支來紀年。干支相配，六十年一轉。今年癸亥，是這個甲子最後的一年。明年就又逢甲子年了。

生肖亦稱生相。十二生肖和十二支相配。去年壬戌是狗年，出生的小孩屬狗。今年癸亥是豬年，出生的小孩屬豬。明年甲子是鼠年，出生的小孩屬鼠。從各人的生肖可以推算其年齡。

現在再談一個關於新年的習俗。中國古時過年，每家都用兩塊桃木板懸在大門兩旁。每塊木板上還掛一根繩索，又寫上神荼和鬱壘兩個名字，用來壓邪。這叫做桃符。神荼鬱壘是什麼呢？據說東海裡有一座山，山上遍長桃樹。有兄弟二神，就是神荼和鬱壘，拿著繩索，把那些害人的鬼怪綑起來去餵老虎。所以桃符上要寫他們的名字。有的人家乾脆畫出兩位神像貼在左右兩扇門上，鬼見了不敢櫳邊，這便是門神的起源。漢朝人的著作裡已經有這個故事，足見這個風俗也有二千多年了。

關於門神，又有一個說法。唐太宗（在位年代，公元六二八—六四九）平定天下之後，每晚睡不舒服，還做惡夢，聽到臥室外面群鬼呼號。他告訴大臣們。他的大臣秦叔寶奏說：「我願和尉遲敬德穿著軍服站在門外把守。」太宗允許他們做了，夜間果然無事。於是叫畫工畫出他們二人的像掛在門上，鬼怪就沒有了。因此後世也把他們奉為門神。

一九九四年十月二日錄舊作

三〇、竹枝詞八首

——一九八七年六月二十日作於聖安東尼奧寄廬

黃昏時刻起徘徊，七寶香車午夜來。為解情郎相候苦，入門擁吻笑顏開。

別纔五日聚兼宵，歡樂情懷永未消；何似雙星難會面，一年一度上仙橋。

草色青青柳色黃，穿花蜂蝶比人忙。與君攜手尋春去，莫待春殘徒懊傷。

溽暑蒸人是夏天，當空烈日勢如燃。雙雙情侶喜游泳，不到公園到海邊。

秋雲萬縷滿長天，碧海清光照眼前。我與檀郎同翫月，嫦娥孤寂已年年。

嘉平月裡拜耶蘇，拜過耶蘇一歲除。為賀新年忙打扮，妝成笑問入時無。

並肩起舞笑盈盈，步伐玲瓏體態輕。最是華茲多興趣，累君香汗已涔涔。

想思惹得芳心苦，電話傳來無限情。「記否偕遊黃石日，終宵細語到天明」？

一九九四年十月八日錄舊作

三一、諾阿格拉大瀑布記遊

一九九〇年五月二十四日，予一家與周克音小姐同開車往加拿大，中午抵大瀑布區，住入旅舍。下午即往觀諾阿格拉（Niagra）大瀑布。瀑布坐東朝西，東為美國，西為加拿大，以河為界。瀑布有二：一較狹，一甚闊。予等在瀑布對面沿岸步行觀之。先過狹瀑布，覺其寬僅五丈；繼經闊瀑布，覺其寬達二三十丈。水勢湍激，遠看似霧，稍近則感細雨濛濛。時太陽射在細水珠上，構成三圓形之彩虹，跨於瀑布前水面之上，至為美麗。予等一直走到瀑布盡處，始返停車地點，乘車回旅舍。兩耳猶存急流沖擊之聲也。

二十五日晨驅車過瀑布北邊之彩虹橋回到美國境內州立公園中再自東面看瀑布。其處建一方塔伸入美加之間，予等購票入塔。塔高百八十五呎。予等先乘電梯上升，更踏樓梯四十餘級至塔頂。俯視狹瀑布水流滔滔湧出與其奔騰之狀至為清晰。此塔距闊瀑布較遠，又在側邊，故難觀察。下電梯，出方塔，循斜坡下行，到瀑布之低水面，仰觀上層瀑布，殆如許多巨大棉花團不絕翻滾而出。從此處近看狹瀑布，方知其闊度至少在十數丈以上，非如昨在對面所見只數丈也。以此類推，又知昨所見闊瀑布至少在百丈以上。離開水邊，又購票同乘遊覽車觀賞湖內半島之風景。驅車女郎一路且為遊客解說全途之故事。遊畢，又回加境之旅舍。下午四時又乘民眾車循公園大道，遊覽瀑布區一週。二十六日回匹茨堡。

此次旅行，頗得天時之惠。如上午在美方看瀑布，又有由東面射來之陽光，構成高低兩道彩虹映入眼簾，為不易得之景色。數十年來常在電影電視或畫片上看此瀑布，終不若親臨一覽之後，方知其為宇宙之奇觀也。

一九九四年十月十五日錄自一九九〇年五月二十四、五、六，三日日記

附篇
夏德儀先生行誼*

徐泓**

夏德儀先生，字卓如，號百吉老人，光緒二十七年九月二十七日（一九〇一年十一月七日）生於江蘇省東臺縣翟家莊，一九九八年十一月十八日去世於美國匹茲堡寓所，享年九十八歲。先生二十歲畢業於南通第七中學，旋入北京大學乙預科，畢業後選讀歷史系，在北大讀書期間，與哲學系、中文系同學繆金源、容肇祖、謝星朗、魏建功等過從甚密，共同創辦《論衡》及《清議報》，以筆名魯素撰文。當時史學界盛行辨古

夏德儀先生暨夫人與弟子徐泓夫婦（1972年）

史，欲考傳說偽史，重建中國古史。先生乃於民國十四年（一九二五）翻譯美國史家James Henry Breasted（一八六五—一九三五）名著*Ancient Times*（一九一五），意在以西洋史家治古史之經驗，「給整理中國上古史的人看」，「看看人家的古代史料是怎樣取得的，人家整理出來的上古史有怎樣的可信度」。譯稿完成交給顧頡剛，擬由樸社出版，惜該社因經濟困難未能付印，僅將譯序刊行於廣州中山大學《語言歷史研究所週刊》第三集二十九期。（按：先生的譯本《追蹤古文明的腳印》於民國九十六年（二〇〇七）五月由臺北麥田出版社出版）[2]

民國十五年（一九二六），先生畢業於北大，返鄉任時堰鎮縣立小學校長。次年，赴杭州任杭州第一中學史地教師，自編《中國近百年史》講義，民國十七年（一九二八）刊行。其後歷任貴池安徽省立第一鄉村師範、杭州初中、嚴州中學、鳳陽中學、宿松臨時中學等校史地教師兼教務主任。抗戰期間，先生舉家遷徙重

---

* 本文原刊於《國史館現藏民國人物傳記史料彙編》第十九輯（臺北：國史館，一九九八）。

** 作者現任暨南國際大學榮譽教授、浙江大學中西書院特聘教授，曾任臺灣大學歷史學系教授兼主任，香港科技大學人文學部教授兼創設學部主任、署理人文社會科學院院長及暨南國際大學教務長、代理校長，東吳大學歷史學系教授，廈門大學歷史系教授、南開大學特聘教授。

慶，任四川省立女子師範史地教師（該校校長為江學珠女士）。民國三十年（一九四一），赴昆明擔任中法大學文史學系講師。從此，先生由中學轉至大學任教。次年，改任白沙國立女子師範學院國文系副教授，與已故臺大中文系臺靜農教授同事。

民國三十四年（一九四五），抗戰勝利，正擬返鄉，無奈家鄉為新四軍所佔領，不能成行，乃與臺靜農教授一起接受臺大聘書，於民國三十五年（一九四六）十月十日抵臺，住進溫州街十八巷一號臺大宿舍，開始先生一生中服務最久長達二十七年的臺大教書生涯。

先生初到臺大，教授大一「中國通史」，當時臺大歷史系無主任，亦不知誰為院長。民國三十六年（一九四七）暑假以後，始有涂序瑄當歷史系主任，錢歌川任文學院院長。次年，莊長恭接任校長，解聘錢、涂二人，改由沈剛伯先生任文學院院長兼歷史系主任。先生於中國通史之外，加開「中國近代史」與「中國外交史」。（按：《張文獻先生訪談錄》云：「教中國近代史的夏德儀老師，教得實在太好，讓我們曉得天外有天，當時在臺南一中讀的歷史到臺大一聽，完全不一樣，他把歷代的、滿清的很多事情講得很多，實在是瞭解得很深刻。」）民國三十八年（一九四九）二月，傅斯年校長上任，歷史系改由劉崇鋐先生為主任，一時名師雲集。傅校長對中國通史教學甚為重視，乃組大一中國通史會，親自主持，要求編寫中國通史參考資料，由李濟任史前、董作賓任商周、勞榦任秦漢、姚從吾任宋遼金元，先生則任明清及近代。民國三十九年（一九五〇），傅校長去世，通史會解散，通史參考資料因此未能編成，僅先生負責部份完稿。

先生在臺大教書，除上述課程外，先後講授過「明清史」、「通鑑導讀」、「明史專題」、「明清史料導讀」、「明清史專題討論」、「史部要籍解題」，退休前還開授新課「中國歷代地理」，釐清向來爭論不已的秦漢郡國州縣沿革，指導繪製兩漢歷史地圖。先生講課條理井然，尤其講授大一通史提綱挈領，說明歷代興衰之故，指出參考資料出處，對一年級新生之史學入門，裨益極大。先生教學不倦，不以臺大為限，兼課東吳、輔仁，客座東海，指導博士研究生於政大，可謂桃李滿天下。先生上課認真，從不遲到早退；關心學生課業，逐字逐句修改學生論文，不厭其煩，一再叮嚀。尤其對學生所辦學術活動，大力支持。臺大研究所的研究生討論會及《史原》學報之刊行，即得到先生的幫助最多。先生義務為研討會論文及《史原》審稿，鼓勵研討活動，指導學生完成對中學《中國文化史》的校正工作及編寫臺灣

第一部中學高中歷史課本教師手冊。

先生教學之餘，尤重中學歷史教育，不因轉到大學教書而稍懈，從民國四十二年至六十一年（一九五三—一九七二）退休為止，擔任中學歷史教科書編輯委員，編寫初中第五、六冊外國史課本及高中第一、二、三冊本國史，內容詳實，行文清爽，頗獲中學師生的好評。先生認為中學課本內容不宜標新立異，歷史解釋與評論應以採用大家能接受的一般說法為原則，不宜將有爭論的納入課本之中。此外，先生長期主持大專聯考歷史科命題與閱卷工作，從開始有聯考的年代，一直做到退休為止。聯考的工作，責任沉重，待遇菲薄，人以為苦，避之唯恐不及，先生視之為教師份內職責，不因年長資深而倦勤。

先生於民國四十六年（一九五七）秋天開始，參與《臺灣文獻叢刊》的臺灣史料整理編印工作，一直到民國五十四年（一九六五），整整工作一百個月，總計點校、新編南明及臺灣史料八十二種，一百四十五冊，當全部叢刊的四分之一。其中十四種為先生自行搜集資料編成新書，如《臺案彙編》甲、乙、丙、丁、戊、己、庚、辛等八集，係先生利用史語所出版《明清史料》，參以《籌辦夷務始末》、《清實錄》等書，依專題分類編輯，大有助於臺灣史研究。先生整理點校工作之外，每一種史料均作一弁言或後記，不僅是題解，更恰當地說，是研究論文。如《臺灣兵備手抄》的〈弁言〉，討論俸廉、規費與臺灣地方治安的關係；《臺案彙編》丙集討論清代兵制，庚集討論林爽文之亂時，守諸羅縣之柴大紀罹禍之故與滿漢之爭的關係；《甲戌日兵侵臺始末·弁言》討論自強運動失敗之緣由，劉璈《巡臺退思錄·弁言》討論開山撫番、臺煤滯銷等情事；都是研究臺灣史的人應讀的好文章。但先生雅不好名，謙稱「不欲當臺灣史專家」；因此，出版時，「先寫編者，後寫百吉」。先生說：「自覺身經抗戰時期之顛沛流離，而能於勝利後安居臺灣三十餘年，若不對臺灣史稍有貢獻，豈不有愧於在臺久居乎！」則先生愛臺灣斯土之心可見一斑。

先生不但不好名，而且不求利，甚至送上門來的榮利，亦加拒絕。民國五十年代，王雲五先生主持嘉新水泥公司學術獎審查委員會，致送學術獎學金與獎章給先生，該獎獎金數目不小，臺大教授中得獎者亦不乏人，但從無一人拒收者。但先生謙稱自己並無特別成就，受之有愧，堅持不收。臺大醫學院葉曙教授特別為文讚揚說：「夏先生一身傲骨，令我折服」，「深感弗如遠甚」。（〈值得特別一記的幾位臺大教授〉，《傳記文學》四十九卷二期）。先生有感於王雲五先生的厚意，後來特別選出藏書一批捐贈王雲五圖書館。先生淡泊名利，視之如浮雲，今人多以「學而優則仕」，先生則對達官貴人避之唯恐不及，尤不喜阿諛當道。民國五十五年（一九六六），與李玄伯教授共同主編《資治通鑑今註》，書成適逢蔣介石七秩華誕，玄伯先生撰序於首卷，以此書為「野人之獻芹」，先生卻堅不列名，其為人狷介如此。不特此也，先生待人厚道，諄諄長者，從不在學生面前評論他人是非，論人向來只談優點，尤重同一團體內之和諧。對民國六十年代初期，臺大歷史系同仁間發生不愉快事件，頗以為憾，當仁不讓地接受閻振興校長之託，出面協調多次，終於協調不成，憤而提前退休。退休之時，僅獲退休金二十三萬一千六百元，以當時物價，勉強可以生活；然不久臺灣物價高漲，其退休金不過今日教授兩個月薪俸，若靠退休金根本無法度日。先生退休之後能安享餘年達二十六年之久，全賴師母之照顧，與師姐們的孝順。

師母孫序（彝秉）女史，系出杭州名門，前清翰林之後，畢業於杭州女子中學，能詩能文。民國二十三年（一九三四），先生與師母結識於嚴州中學，以詩文往來。一九三六年結婚，伉儷情深，互相扶持，超過一甲子。師母照顧先生無微不至，先生享百齡嵩壽，實以此也。先生退休之後，曾與師母同赴美探望夏琦、夏璇、夏玖三位都畢業於臺大的師姊，在北卡羅萊納州杜蘭（Durham, North Carolina）小住兩年。民國六十四年（一九七五）回臺北，次年再赴美定居，與夏璇師姊同住；先在喬治亞州，後轉到德州，民國七十六年（一九八七）以後定居於賓州匹茲堡。夏璇師姊曾於民國五十年代後期回國，擔任臺大醫學院客座副教授，對病理研究室貢獻甚大，現在匹茲堡Allegheny綜合醫院主持器官移植實驗室。

先生退休之後，生活悠閒，種菜集郵，頤養天年，但仍然讀書不輟。自一九八八年十二月起，重讀二十五史，從《史記》開始，一直讀到《清史稿》，約經三年半，通讀一遍，寫下心得箚記甚夥，其後又讀《四部叢刊初編》。此外，先生亦喜讀近人著作，對嚴耕望（歸田）《治史經驗談》、屈萬里（翼鵬）《古籍導讀》、汪榮祖《陳寅恪傳》、馬非百《秦集史》等最有好評。先生讀書作事，不但認真，而且持之有恆。平日每晚寫日記，其退休日記盈筐。（按：先生二二八前後的日記由汪榮祖教授整理，以〈夏德儀教授二二八前後日記〉發表於《傳記文學》二〇〇五年第三期）並於民國八十二年（一九九三）冬開始整理資料，回憶過去，於次年元旦開始編寫《百吉老人自訂年譜》，並寫附錄三十一篇，於年底完成，共七萬五千言，由師母重抄寫稿清本。同時，又從所撰五十七篇《臺灣文獻叢刊》〈弁言〉及

〈後記〉中選出四十篇，輯為《百吉撰臺灣文獻叢刊序跋選錄》，並撰〈序言〉一篇與〈跋〉兩篇，詳述編輯工作之過程及遇到的困難。（按：中正大學臺灣人文研究中心於民國九十五年（二〇〇六）十一月出版，改名為《臺灣文獻箋證》）

先生退休養老，生活悠閒而豐富，乃其淡泊名利性格及為學不倦精神有以致之。先生酒量過人，酒品超凡入聖。最近兩年，身體較弱，去年底弟子赴匹茲堡拜望先生，先生已不能飲酒，行動又不方便，加以患白內障之故，視力大減，不能讀書，頗以為苦。先生年事雖高，然頭腦清楚，記憶力不減，對於同學們問候信函仍勉強作答，其後實在不能辨識，始由師母代勞。

先生雖已離我們而去，然良師長者典範長在吾等弟子心中，願效法先生「學不厭、教不倦」之精神，淡泊名利，敬謹任事，溫厚待人，庶幾無愧於吾師。

弟子徐泓恭述

一九九八年十二月於臺灣大學歷史學系研究室

附記：

卓如師摯友繆金源先生臨大節不虧，在北平淪陷後，寧可餓死，也不失節事日寇，與當時不少文人教授委身事敵迥異，後夫婦二人均貧病凍餒而死。卓如師每言及此，比諸伯夷叔齊，惋惜愴然之情，令人動容。視其所親便知其人，卓如師摯友如此，其耿介之性可知。近閱陳明遠〈抗日戰爭期間的學校生活〉，記繆先生事蹟，提及繆先生致卓如師書，述說其「誓餓死不失節」之志。謹錄以紀念二位先生：

繆金源教授體弱累重，無法離開北平，一九三七—一九三八年度一整年隱居不出，食貧自守。一九三八年秋天才到輔仁大學哲學系和司鐸書院教幾點鐘書，月收入一百三十元。後來因發表了「非宗教」的言論得罪了天主教神父，第二年就沒有續聘。戰前他收入相當豐厚，每餐都有魚肉珍饈。但淪陷後在輔仁大學教書時，因為入不敷出，已經減到每天一粥一飯。一九三九年離開輔仁大學後，生活更加困難。他在一九四一年四月二十五日給魏建功和夏卓如的信片裡說：「自離輔大後，生事良苦，歲杪又舉一男（共五男一女），牛乳竟月費二三十金。諸兒量其宏，每日食十斤（玉米或小米一餐）。且全家長幼均多病，……以貧困故，概不服藥。老父因仰食者眾，且季弟營小醫院於滬，兩年來虧耗血本萬金，今年不復能相濟。然誓餓死不失節！……」自此以後，他從每天一粥一飯減到每天兩頓粥，到最困苦的時候，全家只落得一天只喝一頓粥了！經這樣凍餒折磨，一死了之。北大同人贊頌繆金源是位「傲骨嶙峋，臨大節而不可奪的朋友」！過了兩三個月，他的夫人也因貧病交迫追隨金源於泉下。

卓如師雅重大節，熱愛國家，一九九七年，泓前往拜望老師、師母，正逢英國歸還香港，臺灣幾乎無人紀念，尤其史學家多冷漠視之，毫無溫情與敬意，有如洋人。而老師則甚為興奮，告以：終於能看到失土復歸，一雪鴉片戰爭以來之國恥，此生無憾矣！時為老師去世前一年。

我的太師父百吉老人*

傅月庵**

雨才落下，我就醒了。墜景迷濛，彷彿又見到了那一雙背影。兩個中年男人相互扶持，跌跌撞撞，笑語聲喧，走在一大片日式平房的街巷之中。那是一九四七前後的臺北，「我和卓如常在傍晚時從溫州街十八巷走到泉州街二巷子祥家討酒吃，當時馬路好走，不特沒有機車，也極少有大小汽車。醉了走回家，出泉州街，經福州街，達羅斯福路，轉和平東路，可以踉蹌而行……」這一段話出自《龍坡雜文》，「我」是「臺靜農」先生，「子祥」是推行國語有功的「何容」先生，「卓如」，我原來不知是誰，後來才知道，是臺大歷史系的「夏德儀」先生，我的老師的老

* 本文原載於《遠流博識網》二〇〇三年四月九日與四月二十二日及《讀書》二〇〇三年十二期。

** 傅月庵本名林皎宏，臺灣大學歷史研究所肄業。資深編輯人，現任職掃葉工房，嘗試「新出版」的可能，並主辦「清風似友：台北古書拍賣會」，聚焦「數位時代．紙本風采」。著有簡繁體專書多種，文章散見兩岸三地社群平台、期刊報紙。

師，按照《倚天屠龍記》張無忌對張三豐的叫法，我也應該尊稱一聲「太師父」的。

太師父兩袖清風，赴美依親是一九七五年的事，那時我才從國中畢業。等到我進入臺大歷史所，濫竽師門時，定居賓州匹茲堡的他已經八十九歲，朝雨鋤瓜，集郵種菜之餘，正在重讀箚記、二十五史。我的老師每隔一段時間，總會特地去探望他，回來之後，談談說說，我沒多大印象，也不知道當時愛讀的《龍坡雜文》裡的「卓如」就是他，更不清楚他和臺靜農先生患難論交，情誼深厚。一九九八年太師父過世，我早棄學潛逃，汲汲謀生，一無所知。再過幾年，太師母也往生了。老師前往弔唁，帶回一批存稿、文書。這時候，輪到我常去探望我的老師了。老師一邊喝茶一邊翻閱，一邊追憶一邊閒閒說給我聽，我才知道太師父的一些事情，也總算對他有了一些瞭解。

太師父是江蘇東臺人，生於光緒二十七年（一九〇一），北京大學史學系畢業，讀書期間跟魏建功、容肇祖等人過從甚密，創辦了《論衡》及《清議報》。當時史學界辨古成風，鏡別析論傳說、神話，甚至得出「大禹是一隻大爬蟲」的結論。太師父乃翻譯西洋史學家James Henry Breasted名著*Ancient Times*，希望借他山之石，「給整理中國史的人看」、「看看人家的古代史料是怎樣取得的，人家整理出來的上古史有怎樣的可信度」，譯稿完成後，交給顧頡剛，準備由樸社出版，最後卻因財務困難而沒有下文。

一九二六年，太師父自北大畢業，無甚措意於學術研究，返鄉後，輾轉於江蘇、安徽的小學、中學教書。這在今日，頗難想像。第一流學校的畢業生，怎麼會跑到基層教書？在當時，一來高等教育方才起步，僧少粥也少，大學教職一位難求，不容易進得去；二來教師層級分別沒那麼明顯，一流人才下鄉是常見的事，其中最著名的當然就是曾聚集夏丏尊、朱自清、豐子愷等諸先生的白馬湖中學了。抗戰軍興之後，太師父舉家搬遷到重慶，還是教書為業，最後在白沙國立女子師範學院任副教授，也是這時候，跟早為北大舊識的臺靜農先生同事，過著轟炸不止，絃歌不輟的艱苦生活了。好不容易挨到抗戰勝利，青春結伴卻難返鄉，太師父家鄉被中共「新四軍」所佔領，狀況不明，且就算有心回去，交通工具也無著落。屋漏偏逢連夜雨，此時女子學院又因復員遷院運動，兩次罷課，最後被教育部下令解散，幾家人頓陷進退兩難的窘境。

恰巧此時，應許壽裳先生之邀到了臺大任教的魏建功、李霽野來信相召，太師父遂與臺靜農先生攜家帶眷，於一九四六年的十月十日千里迢迢到了海外孤島，準備過個水，休養生息，伺機返鄉，誰曉得這一呆就是幾十年，再也回不去了。臺靜農先生的「歇腳盦」最後也不得不更名為「龍坡丈室」。

初到臺大的太師父心情到底如何？隔代隔輩的我問無從問，不過從臺靜農先生所留下蛛絲馬跡文字，或可揣摩一二。當時太師父、臺先生都住在後來很有名的溫州街十八巷臺大教職員宿舍，一住一號，一住六號，雞犬相聞，彼此隨時可以登堂入室，情誼密切自不在話下。一九四七年春臺大中文系系主任，也是魯迅摯友的許壽裳先生突然在青田街寓所遭人砍殺身亡事件發生，由於受害者身份敏感，遂使得「大學的朋友們都被莫名的恐怖籠罩著」，後來接手系主任的喬大壯先生甚至「用手電筒照著（宿舍）院中大石頭說：『這後面也許就有人埋伏著』，說這話時，他的神情異樣，我們都不禁為之悚然。尤其是我回家的路，必須經過一條僅能容身的巷子，巷中有一座小廟，靜夜裡走過，也有些異樣的感覺。」這一座小廟，這一種異樣的感覺，當時的太師父想必也經歷過吧。而兩人相偕向何容先生討酒吃，只怕也不是很平靜的。太師父心情鬱結，意不能靜，可想而知。據說愛喝酒的他，日後喝醉了，有時硬會請三輪車夫把他拉到博愛特區，趁醉朝著總統府小起便來了。這當然是一種抗議了。只是想到亂世文人，一錢不值，連抗議竟也是這麼有聲無力。

便不能不讓身為徒孫的我，心中一片憮然⋯⋯。

四十年代，戰亂頻仍，公教人員生活艱辛。離鄉背井到了大後方的太師父一家人也不例外。為了貼補家用，太師母養了一大群雞，節省飯餘餵養，準備日後出售圖利。此前曾有相士預言太師父某歲病厄難逃，屆時果真應驗，傷心的太師母為了替太師父滋養身子，不得不將一大群雞一隻一隻宰殺進補，誰知吃到第一百隻時，竟然轉危為安痊癒了。為了紀念這一件事（或者說，為了感念那一百隻雞），大師父後來便自號「百吉」，百吉者，百雞也。其幽默風趣如此。

太師母出身翰林之家，性格剛毅明快，饒有男子氣概。與太師父相識於杭州一中，一輩子鶼鰈情深，相敬如賓。從四川輾轉來臺後，太師父始終念念不忘江南家中藏書，太師母見其思念狀，心中不忍，竟然不顧漫天烽火，隨身帶了個藤包，內裝舊牛皮紙與繩索，一個人搭船返回杭州，想方設法把太師父藏書一百多包郵寄出來，才又返回臺灣。這是一九四八年冬天的事，當時華北幾已全部淪陷，江南岌岌不可保矣。

據說，太師父喜煙嗜酒，太師母准酒不准煙。兩人結婚時約法三章，太師父得要戒煙才行。戰亂中無暇顧及此事，五十年代生活漸漸安定，舊事重提，太師父絕不毀約，煙癮卻頗難耐，只得開始其「藏煙」生涯。常藏的地方是書房書架後方，每次想偷抽，還得大費周章，挪移三墳五典，才能到手。有時候，學生到家中拜訪，以煙敬師，太師父也不推卻，但只要聽到太師母腳步聲近了，就急忙交給學生「代抽」一下。太師母雖然知道，笑一笑卻很少點破——情之為物，與日俱深而淡，最後自然便脫落出某種契闊的相知了吧。

六十年代的臺灣，教授待遇並不好，太師父一家五口，加上好友魏建功姪女也寄養家中，生活費、教育費在在都是大開銷，偏偏他的個性又有些奇特，學校要他接系主任，他不願意；王雲五主持嘉新水泥學術審查委員會，頒贈學術獎章跟獎金給他，他自言無所成就，受之有愧，堅予婉拒，日後還回贈了一堆典籍；協助編纂中華叢書《資治通鑑今注》，適逢蔣介石總統七秩華誕，人家要他列名，好「敬當野人獻芹」，他只說：「予不才，殊不欲附名」。「人不言祿，祿亦弗及」，這樣狷介的太師父也只得到處兼課兼差，賺本分的錢，過清明的生活，非常辛苦，但，想來應該也很安心吧。

太師父在臺大，教授範圍甚廣，除大一「中國通史」「明清史」，並及於「中國近代史」、「中國外交史」、「通鑑導讀」、「明史專題」、「明清史料導讀」、「明清史專題討論」、「史部要籍解題」，退休前還開授新課「中國歷代地理」，釐清向來爭論不已的秦漢郡國州縣沿革，指導繪製兩漢歷史地圖。此外，則特別重視中學歷史教育，直到退休為止，一直擔任中學歷史教科書編輯委員，所編寫的初中外國史、高中本國史，教育好幾代人，深獲好評。他的編書原則，卑之無甚高論：不標新立異、以大家能接受為原則、有爭議者不納入。到了今天，卻彷彿成了難之又難的一件事了。另一方面，他還長期主持大專聯考歷史科命題與閱卷工作，親自上第一線為國掄才，一做就是幾十年。以今天的時尚眼光來看，一流教授做研究、寫論文，二流教授才編書、改考卷，然而不然的是，風行草偃，積漸以還，一流人才越行越遠，我們的歷史教育、歷史教科書、歷史入學考試，又都成了什麼模樣？昔日傅斯年先生到臺大，大一國文、中國通史，一定找學識最淵博的教授開課，此中寓有深意焉。太師父深體其意，或即因此力行實踐，終身不違吧。

今天的臺灣，還記得「夏德儀」三字的，恐怕不太多了。但知道「百吉」兩字的，卻不乏其人。原因是，隨著臺灣研究熱潮興起，六十年代臺灣銀行經濟研究室周憲文先生所主編的《臺灣文獻叢刊》，鹹魚翻身，成了炙手可熱的史料薈萃。太師父從一九五七年起，參與這項工作，八年多的時間裡，總計點校、新編南明及臺灣史料八十二種，一百四十五冊，幾佔全部叢刊的四分之一。其中《臺案彙編》八集，更是從明清史料、實錄、檔案中整輯爬梳而出，大有利於臺灣史研究。至若每一種史料之前的弁言，更有解題導引之功。然而，一輩子淡泊名利的太師父，對於這件事的看法，還是說「不欲當臺灣史專家」，所以隨書文章署名，「先寫編者，後寫百吉」，始終不為人先，樂居人後。一九九三年，高齡九十三歲的他，把所有的解題文字抄謄校訂一過，彙訂成帙，名為《百吉撰臺灣文獻叢刊序跋選錄》，並寫了一篇跋言，深藏四十多年的心事總算有所透露：「自覺身經抗戰時期之顛沛流離，而能於勝利後安居臺灣三十餘年，若不對臺灣史稍有貢獻，豈不有愧於在臺久居乎！」

一九六四年，李敖寫《教育與臉譜》，把臺大文學院老師罵了個夠；二〇〇二年，效顰者輕薄為文，乾脆說臺灣歷史學界，「從根爛起」了。學風澆薄，與時俱烈。諷刺的是，昔日罵人的一代，轉成被罵的。今日勇於攘臂罵人者，論才氣、邏輯、論情論理，卻又比前輩遜色多多。臺灣教育到底出了什麼問題？連罵人、被罵者也一代不如一代了。這些日子，一邊翻讀太師父的年譜、存稿，一邊思索這個問題，太師父一輩子所寫的論文，為數有限，未必當得起「充實而有光輝」這一最高標準，追索回顧他的一生行事作為，卻讓人低迴不已，深以未能親炙為憾。古人有所謂「經師」、「人師」之辨，《資治通鑑．後漢紀》稱「經師易遇，人師難遭」，其注解云「經師，謂專門名家，教授有師法者；人師，謂謹身修行，足以範俗者」，更早的《荀子．儒效》則說：「四海之內若一家，通達之屬莫不從服，夫是之謂人師。」然則，行己有恥，自有原則的太師父、臺靜農先生，大約都屬於傳統「人師」之列吧。臺灣高等教育的悲哀則是，講究學術，提倡研究了半天，Publish or Perish喊聲震天，但如果只是Publish出了一堆「經師」；「人師」則被Perish淨盡，成了瀕臨絕種動物。這樣的教育，一將功成萬骨枯，又有什麼用處呢！？雨還繼續下著，遙遠的那兩個身影，在時代記憶之中，卻畢竟模糊了……。

夏德儀教授二二八前後日記

汪榮祖*整理

前言

夏德儀教授是四十多年前我在台大讀書時大一中國通史的老師，此課當年在進入校門左邊的臨時教室上課，那棟房舍今早已拆除。夏老師每次都是準點到達課堂，而且必定沿著同樣的路線而來，從窗外望去，見到他高挑的身材，一襲長衫，飄然入室。上課時從長衫裡取出一疊紙條，按照紙條上的大綱講述，十分有條理，而且興致昂然，抑揚頓挫的揚州官話，聽來更是有聲有色。夏老師又勤於寫黑板，一筆不苟，書法秀麗，同學們記筆記毫無滯礙。夏老師當年的助教是杜維運，杜先生改考卷，分數偏高，同學們皆大歡喜。

選通史課的同學很多，台大四年間夏老師肯定不認識我，後來與夏老師熟，主要是因為我娶了同班同學陸善儀為妻，陸同學不僅是夏老師的得意學生，而且與夏家二個姊妹夏琦、夏璇既是同學，又是好友，整天講四川話，投緣得很。到美國留學後，善儀與夏璇仍然時相過從，數十年不斷。夏老師與夏師母退休後移居美國，就一直與夏璇住在一起，所以常有機會見到夏老師、夏師母，向他們請安並侍談。一九九五年夏老師九五嵩壽，同學們在許倬雲學長主持下，在匹茲堡祝壽，席開兩桌，夏老師最得意的學生、明史學者徐泓教授特地從台北趕來，十分熱鬧。

三年後的一九九八年十一月十八日，夏老師在匹茲堡寓所逝世，享年九十八歲。又過了三年多，夏師母亦以高壽過世。不久夏璇也自醫學界退休，有暇整理夏老師的遺物，無意之中發現保存完好的大量日記，從夏老師早年在北大唸書時開始到逝世前止，鮮有中斷。夏璇要我看看，翻閱之下，覺得甚具史料價值，特先選夏老師初到台灣的一段日記刊登，以饗讀者。

---

* 美國西雅圖華盛頓大學博士（一九七一），美國維吉尼亞州立大學歷史系執教三十一年，獲榮退教授銜（Professor Emeritus）。曾獲美國維吉尼亞州社會科學院傑出學者榮譽（一九九三），全美研究型圖書館二〇〇一年年度傑出學術著作獎。二〇〇三年之後的十六年間，先後在海峽兩岸任教。主要學術著作有英文專書*A Paradise Lost, the Imperial Garden Yuanming Yuan*、*Beyond Confucian China: the Rival Discourses of Kang Youwei and Zhang Binglin* 等，中文專書《史家陳寅恪傳》、《史傳通說》、《史學九章》、《詩情史意》等，以及中英文論文和書評多篇。

夏老師是江蘇東台人，一九二六年自北大歷史系畢業後返鄉任教；抗戰爆發後逃難到後方，先後執教於四川省立女子師範學校與昆明中法大學。日本投降後，本擬返鄉，然蘇北家鄉已為新四軍佔領，因與臺靜農教授一起接受台灣大學的聘書，於民國三十五年十月十一日在上海乘船，翌日抵達基隆港。這一段日記就從此開始，當時光復未久，夏老師親眼目擊台大自日本人手中移交後的情況，並與尚未遣返的日籍教師有所來往，為研究光復之初台大文學院者提供難得的資料。例如我們都知道台大文學院曾請朱光潛來當院長而未果，從夏老師的日記才知道顧頡剛亦曾在邀請之列。夏老師於交友通訊記載也甚詳，與魏建功、臺靜農等過從尤密，魏教授又回到大陸，神州變色後，海天相隔，兩位老友未能再見一面；臺教授則與夏老師對門而居，數十年來往不懈，均成酒中之仙，亦於日記中隱約可知。即家務瑣事，諸如日常收入、開銷、物價，師母（日記中的孫序或秉彝）帶女兒入學、就醫等等亦鉅細靡遺。當時記載時或不免繁瑣，但半世紀後閱之，大是提供了可貴的社會經濟資訊。最值得注意的是，夏老師於抵達台灣後不到五個月就親歷了二二八事變，而且把他的見聞記在日記裡。夏老師生活在單純的學院，完全不涉入政治，事變之起對他而言，事屬突然，但他的感受是真切的，他感受到當地民眾因反抗政府暴政而引發本地人與外省人之間的對峙，作為外省人的他，像其他當時所有的外省人一樣，感受到生存的恐懼與威脅。在當年二二八事變的時空裡，像夏老師這樣單純外省人的感受，應可對這段不幸的歷史，增加一些理解。夏老師的生平可參閱徐泓所寫的「夏德儀先生行誼」，亦收錄於本書。

日記本文

民國三十五年

十月十一日　民眾輪自昨晚出吳淞又後，當傍海岸而行，今則距岸漸遠，但覺水天茫茫，波濤洶湧矣。晚間月色大佳，尤以明月初升之時，清光照耀，至為好看。我與玖兒，皆不暈船，玖兒常牽我伴其往甲板上看海，雖船身搖擺甚烈，彼亦毫無怕懼之色也。

十月十二日　晨七時，即抵基隆港外，待檢疫驗關後入港，十一時許靠碼頭。金祖同兄並魏太太以及裴生、溥言俱來碼頭相迎。先由金兄令搬夫將行李搬至岸上，繼雇汽車逕駛台北。（魏）建功亦會有信請此間國語會何君子祥派人到輪埠接我，故是日何君果亦派職員王君持國語會旗幟來接。住宅問題經金兄事先興大學商定在佐久間町之空屋內暫住，今始知為三丁目十四番地，故即逕往該屋門前下車，將行李搬入。金女士至魏家住。下船後到此，一切費用皆由金兄代墊，計共乙千七百元台幣。略事休息，便隨金兄到前面校長官舍晉見陸志鴻校長，寒暄十餘分鐘，退。與金兄約定於後日到大學相見，金兄別去。十二、十三兩日皆在魏家吃飯。魏家與我之寓處，相距甚近，步行只須數分鐘也。大學給我暫住之屋，亦係官舍，屋宇寬敞整潔，四周園地甚廣，花木扶疏，頗饒佳趣。惟室內空空，舍我攜來之行李外，一無所有，不得不急於購置一切也。

十三日　彝秉即隨魏太太上市，開始購置用物，尤以廚房用物為首要也。

十四日　自開伙食，此後一個半月內之事，只得籠統記之。就記憶所及者約略記之而已。十四日上午到大學，由裴生領去，晤到金祖同兄殷塵，更由金兄引見秘書陳蓮夫君、總務長陳士宏君，辦理領取薪津之事。上午未能辦完。

十五日　又經一日之奔走，迄晚始取到支票一紙。

十六日　彝秉持支票往台灣銀行取到八、九兩月薪津，實得數台幣乙萬乙千九百〇八元。還金祖同兄墊款乙千七百元。與金瓊美劃款五千元台幣往滬還前挪款。由金介紹，往見圖書館長于君，略詢圖書情形。由金介紹，識文學系副教授台灣人吳守禮君。與金兄同向總務處為（臺）靜農接洽住宅，數經交涉，始說定昭和町房屋一處。到此後晤李霽野、王玉川及前在女師院國文系之潘佩芳、李華瓊等生。在魏家見到何子祥一面，三日後，往何府靜候，未遇。李濱蓀兄夫婦亦於九月中旬到處，俱住師範學院副教授，常來晤談。前在白沙為其夫人羅憲君所領薪津除交三萬元與靜農外，尚有二萬七千元存我處，因以身邊所餘關金（券）與之。王光漢兄已先有信寄到台大，告我已抵杭垣。此次之移動，自八月廿三日離上松林寄寓迄十月十二日到台北大學官舍，歷時凡五十日，用費約百四十餘萬元，一路辛苦，殆難言喻；然大小平安，未遭意外損失，亦云幸矣。自白沙動身，身邊約存廿萬元，到渝取百〇二萬餘，抵滬又接台大所匯家屬旅費廿萬元，合共百四十餘萬元。此款中，五十萬元出自台大，餘九十多萬元則為近一二年來在白沙所積有者也。此百四十餘萬元之支出：購物約七十萬，由白沙動身至離渝約用八萬，由渝到京一路零用約費十萬，由京還滬約用十萬，赴杭往返約用十萬，應酬送禮約費八萬，在滬零用約費八萬，赴台川資約費十七萬，合共百四十餘萬。實際不止此數，恐須增算五、六萬元。在滬雖挪用十五萬元，然抵此後身邊尚有台幣千元（合法幣三萬五千），關金六萬五千四百元（兌得台幣二千一百六十一元），魏太太還墊款台幣千元，共計台幣四千乙百六十元，合法幣十五萬稍弱，可以相抵也；惟從此間進款內付還金君乙千七百元（約合法幣五萬元），則應算作旅費耳。

台大曩為日本之台北帝國大學，規模之宏，設備之佳，藏書之富，殆為國內多數大學所不及。今分文理法農工醫六學院。又有數研究所暨二附屬醫院。文法兩院學生少，其餘各院學生較多。二三四年級學生少，一年級暨先修班學生較多。全校據云有學生千三百餘人。大學有一圖書總館，規模頗大。各院皆有圖書。文院書籍散置各研室者頗多。教務處送來課表，排我文法學院一年級中國通史二班，每週六小時，學校已自十月七日正式上課。我自十月十九日起開始授課。語言雖略有障礙，我在黑板上多寫，則亦可以了解也。

靜農一家於十月十八日抵此，先到魏家，午飯後，移來寓內暫住。次日到大學詢問住處，則謂原撥之屋，已為他人住入，須另為設法。靜農連日皆往交涉，俱無結果。先後在我處住五、六日，乃搬至國語會之空屋內暫住，又經數日，始遷入水道町之住宅。靜農之課係大一國文兩班，渠以既係普通功課，又以人數太多，改卷麻煩，頗不願意，幾經交涉，始勉強承認，大約於十一月中旬才正式授課也。

魏太太存渝之三十五萬元，俱為靜農所挪用。靜農到此後，彝秉力勸其從速歸還。靜農謂有書一部交上海來薰閣，可售廿萬元，即以抵之，餘十五萬元，於領得八、九月薪淨後折合四千數百元台幣與之。

琦、璇兩兒於十月下旬入龍口街國語會所辦實驗小學讀書，琦入三年級上期，璇入二年級上期。一月以來，書籍制服暨學用品等，二人共費台幣千元矣。

文學院圖書，于君願全數將其集中，而由日人主持整理。金君大為反對，蓋集中則目前不能應用，且整理漢文書籍，不必委之日人，文學系同人可以為之也。于似深得校長之信任，時時奉校長之命來收書，金則邀同靜農與我屢見校長陳述于之辦理不當。校長乃於十一月四日召開文學院院務會議，商談圖書之事暨研究室分配問題。于亦列席報告。商量結果，取一折中辦法，即凡文學系同人目前需用之書，暫行留存研究室內，作為借用，待圖書館編目時再說，其餘不用之書，任館取去。影印敦煌寫本則交圖書館收藏。按此事最為金君所懊喪，渠蓋願秘之以為研究之資也。

于君流氣甚重，而校長則又儒弱無能，於是有此糾紛，不得一妥善之解決。若干圖書任其集中，又無總目可稽，一時無法應用，殊可惜也。非認集中整理之不當。乃認徒事集中而不立即整理以便應用之不當也。此事應一面集中，一面即登記編目插架，一面即出借，以利應用；且此事正可請文學院同人任整理之責，而不必委之日人，以文院同人從事整理，以後乃知圖書之底蘊也。

日人辦理時代，各院皆設講座制。每一講座有一研究室，由一二教授主其事，而由助教授（即副教授）講師並助教佐之，每一研究室有規定之研究費，供購置圖書儀器及有關研究事項之需。為書籍之購，即由研究室直接訂購，書籍寄到時，製成卡片送圖書總館編入目錄廚，原書存研究室應用，用畢後再送圖書館收藏。此種辦法，於學術研究至為便利。今則表面仍雖保存日人之良規，遂有各院研究室之分配暨研究費之規定。據校方之擬定，文學院有研究室八，文學系五，哲學系二，史學系一。文法二院之研究費，每室每月萬元，其餘各院，研究室數甚多，多者至廿餘，研究費每室每月二萬五千。全校每月研究費共二百九十萬元。此項經費，不可謂少。此種制度，亦為內地任何大學所無。然此制度未必真能實行。即以文院而言，每月八萬元之研究費，已為購置圖書之用。而所謂研究室者，迄今並未確實分配。前曾由校長委託于君代為分配，結果諸多不當，今已擱置不行矣。即使得一房間，只放破櫥一二，桌椅數張，亦非往日四壁圖書之可比矣！然則今之所謂研究室者只是一「個人休息室」耳。曩之講座制度，今已有名無實。

課程方面，乖謬尤多。一年級生每週功課多至卅餘小時，既學英文，又讀德文。不知文法院何以必須讀德文？各院一年級皆係公共必修之普通功課，並無各系應開之專門科目。

論及教職員，則職員之數多而教員之數少。據云日籍教授之留用者在百人以上，而內地新來之教授則只數十人。日人有授大一英文者，有授大一德文者；此種教員，內地非不可請到，何必留用日人？

若干理農醫工等院之專門科目，一時無人可以接替者，自以暫行留用為宜。又聞全校教職員及工友凡千四百餘人之多，不知是否真偽！

大學之人事方面紊亂達於極點，人多而毫無效率！腐敗情形，殆難言喻！文學院則尤其可笑！無院長，哲史二系無主任，建功兼任文系主任，而始終並未到校辦公。於是整個文學院殆陷於無人負責之狀態。文學院之事務室則更糟糕，不知究竟管了些什麼事？留用之日人，有不任課者。

文學院中有台籍教授為林茂生（兼先修班主任）及陳某者皆想乘文學院無人負

責之際，爭取領導權，故有文學院同人懇親會之舉。十一月廿四日在北投聚餐，我託故未參加。十二月二日追記。

我到此之次日，李濱蓀兄偕張君基瑞來訪，晤談之下，始悉係我初到杭州教書時（民十六年）曾教過之初中學生，後在杭高畢業（高於彝秉一班）。又入北大史學系。曾任浙大師範學院講師，今秋來台，任省立師範學院史地科副教授，並兼台大一年級國文。既認識後，常來晤談。並於某日（十月廿四日）約我與靜農、濱蓀暨其他二北大同學（在師院任教）在其寓內吃晚飯，李季谷君亦到。此間某報有一文史週刊由師院文史兩系教員輪流任編輯，張君來索稿，因自前在女院講授歷史教材教法之講稿抄錄數節與之，題曰：「時間觀念與空間觀念。」

金祖同兄亦於十月下旬之某日約往其寓內吃午飯一餐。席間除靜農及裴溥言外，有日人宮本。宮本專攻土俗學，於台灣之蕃人頗有研究，頃被留用任文學院副教授。

十月下旬之某日，彝秉在市上買菜，無意中遇郝敏昌，彼來我處邀我往彼處小坐，並晤其夫人陳思平女士。嗣後即常來往。以其寓內有留聲機，西洋名曲唱片甚多，又有鋼琴一架，故於某日伴濱蓀同往，並在彼處飲酒吃晚飯。

十月下旬，孫培良君自台南來。某晚請吃水餃於一山東館，同去者有魏太太、靜農、濱蓀及我四人。

十月底領得十月份薪淨，總額為六千乙百〇五元，扣所得稅乙百廿六元，印花稅二十四元八角，實得五千九百五十四元二角。

加薪之議，傳說已久，直至十一月中旬，始悉確係按薪水數二十倍，並另加基本數乙千四百元發給，國語會、編譯館、師範學院皆已補發十月份之增加數。

十月二十五日為台灣光復紀念日，放假。台灣全省運動會亦於是日開幕。運動場即在台大操場。主席蔣公先二日已來台，全市懸旗。是日晨在中山紀念堂舉行光復紀念典禮，主席有訓辭。各機關俱遣代表參加。先一日晚，校長室送來通知，派我與靜農為文學院代表，二人皆以事未克參加。運動會開幕，主席亦親臨致訓。彝秉與魏太太同攜琦、璇兩兒前往觀禮。運動會舉行一週始束，我以學生參加運動會者頗多，一週未往上課。

十一月十二日為總理誕辰，放假。

十一月十五日為台大校慶，放假。去歲十一月十五日接收此校，故以是日為校慶。接收以來，已滿一載，而諸事紊亂，毫無頭緒，亦可見國人辦事之無能矣。是日晚間，在中山堂舉行音樂會，慶祝校慶，我未前往。

此次在滬，文通書局韓君曾以一書目交我，囑為介紹台大購買。建功亦囑與文學系同人及圖書館于君商量。我曾以此事與金、臺兩公商量，皆以數值太大（總值法幣二千餘萬元），恐學校方面一時無力購置，且于君方以圖書整理之事與我等意見不投，亦不便遽以此事相商，恐反資其懷疑也。遂將此事暫行擱置。嗣接建功來信詢及購書之事，囑一詢學校當局，究竟文院可支款若干。又謂文通有《四部叢刊》初、二、三集全部，索價二百八十萬元，彼擬購作文學院基本參考書，即以文院八月份研究費充購此書之款。我乃與金、臺兩公同謁校長詢問此事。據其答覆，八、九兩月研究費可即匯出，請魏公代買書籍。因即一面函文通商量書價，一面函建功與學校當局接洽。

金君又來告渠與校長接洽匯款事，校長告渠書款即匯上海學藝社周君壽昌處備用。又謂校長親又告渠擬請魏公任文院院長，請促魏早日返台。乃又發信告以金君遞來消息。

日人習慣，吃飯、睡覺、寫字、讀書皆在地蓆之上，室內只置矮几一張而已，我殊不慣，乃謀購置桌凳。除向大學借來一長方桌，一小圓椅外，陸續購得六抽寫字檯一、籐椅一、雙抽桌一、方桌一、本椅六、高几一，約費二千五百元。又以被褥不足，購棉絮兩條，棉褥一條，共費千六百餘元。餘購電氣熨斗一，三百八十元，檯燈一，二百元，電燈泡七，四百六十元，並廚房用物，瓷器文具等等。

寓內自十一月七日起僱女僕一人，名陳月，早六時半來，晚七時去。做事尚可，十日請假一日。十一日又不來。因即辭之。三日工資與以五十元。十一日又由魏太太代為雇得一人來，名黃阿桂，係台北鄉間文山郡人。住宿寓內，做事甚勤敏。每月工資五百元。

自十一月一日起訂牛奶一磅，每日十三元，十日一付。

此間氣候較之四川為尤暖。初來之一個月內，無論晴雨，皆著單衫。十一月中旬連雨數日，天形較涼，須著夾衣薄棉。繼又連晴多日，日日有太陽，氣候轉暖。十一月底，天氣又復轉涼。然院內桂花放香，而屋前屋後之花架上紅花、黃花亦方盛開也。

此間蚊蟲甚多，雖當冬季，每晚猶蚊聲為雷也。寓內隙地頗廣，暇時闢地二方，種芥、菘各數十本。又畜雞三只，一公二母，一母雞已下蛋矣。彝秉以百廿元購一鴨，半日逃去，覓之不得。

寓內水電設備尚佳。通常點燈七盞，而每月電費只十五元。水則迄未收費，以後院地下所埋水表，針壞，尚未修理，無從計數，遂不來收費也。十二月三日追記。

原居台灣之日人，陸續歸國，皆將用物出售，而台灣人又從而作轉手之買賣，於是到處皆為地攤，舊貨店、舊書店亦甚多，內地來此之人，爭相購買，致使物價愈買愈昂。初到此間之人，買書道集一部只須二三百元，今則雖出三千元亦不可得矣。陶瓷玻璃器物隨處皆是，甚少精品，較細緻者價亦甚昂，惟木器則較廉耳。我先後在地攤上買得硯台二方，果盆煙具酒具各一套，銅製花瓶、筆筒各一，雖非佳品，亦尚可觀也。又得國史美談一冊，為台灣總督府藏書，亦可作一紀念。

此間生活程度，群謂高於京滬，其實不然。米十四、五元一斤，是較京滬為昂。木炭則甚廉，不足二元一斤，豬肉價與京滬相等，魚蝦、蔬菜、水果等莫不廉於京滬，且種類多而新鮮，亦非京滬所及。其他物品如肥皂、牙刷、牙膏、布匹之類則較上海為貴也。通盤言之，在此間居家，實較京滬為舒適。即以住宅一事而言，遠非京滬之所及。台北有都市之文明，而又饒鄉村之佳趣，與京滬之喧囂擾攘不同也。

到此後，大學屢發表格屬填，皆曾一一填交。十月下旬即交填學術研究補助費之調查表，謂即發給教部已匯來之研究費，而迄今一月，尚在造冊，不知何日始得發給也。

十一月初接岳父大人來諭。謂滬報載東台已收復，國軍進駐，各機關亦皆還治縣城。此實可喜之事，然不知時堰情形為何，中心懸之！旋接川中轉來洗霖表姪十月七日由京中所發之信，謂渠一家，頃住泰縣，家鄉之人尚須陸續出亡，銘弟亦有赴泰避難之計。遂即復書再詢一切，並函卓峰兄詳問家鄉情形。旋接復書，謂時堰、東台先後克復，我家損失雖不小，然兩老健在，餘均平安，而油坊仍開張，代人打外作云。接此信後，稍覺放心。遂即發一航快寄二弟，告以出川來台之經過，以慰雙親大人之遠念。

前存渝市鄧爕紀兄處之款，除魏款為靜農取用外，尚餘廿五萬元。離滬之前，曾函鄧兄匯滬；十月中旬已經匯到，還㕣妹五萬元，餘廿萬元託人存放生息。王光漢兄之款十六萬四千二百元，原擬待與金瓊英所劃之款，初劃台幣五千，後改四千，交到後匯去，詎金款迄未送到，乃改以于滿川代領渝女師所欠尾薪匯滬之二萬五千，并張安國兄代領女院欠款，亦正匯滬之十三萬九千四百五十餘元合併匯杭，大約十一月底可以匯出也。女師院之還鄉費，以過渝匆匆，未能到九龍坡探詢，到此始聞濱蓀、靜農云每人先借卅萬元。因即作書詢張安國兄，復書謂教部只撥發三千萬元到校，校方不知如何分發，乃由還鄉委員會蕭文燦、袁炳南等出主張，在校之人先各借卅萬，離職者緩發。嗣張君探悉離職者，亦頗有人借支，因向勞君力爭，代我及龔君各借卅萬暫存渝四川農工銀行生息，待教部批准公文送到並補發，餘款後一併寄下云。我復書贊同如此辦法。惟乞其即將代領之女院欠薪、研究費、並龔君欠薪匯滬以備應用耳。十一月下旬又接張函，謂此款即匯滬。又謂還鄉費已批准，只建功、靜農等遷校時離職者，未獲批准，前已代領之卅萬亦可匯來。遂即馳書請於存款期滿一月後（十二月九日）即行匯滬。龔款仍存渝待餘數領到後逕匯晉江。並即函滬，請待此三十萬元於十二月中旬匯到時，取十九萬四千九百十八元匯閩，餘數加入存款生息連存渝一個月息（除匯費）約十一萬元。金款送到時約十四萬元，以八萬元還㚖妹，餘六萬元加入存款生息。㚖妹所墊之八萬元，係送岳母大人六十晉一之壽禮五萬，另送彝秉之大姨母七十壽禮三萬。如是則各處匯劃之款俱清楚矣。至於存款總計在十二有底本息約在四十一二萬元，除去鏡弟之款本息十三萬元，自十月一日起迄十二月底止，淨存三十萬，約廿八萬元，稍欠。又據張君函稱，還鄉路費每人在廿萬以上，我與家屬共三人，可得六十餘萬，還都補助費副教授廿萬，是共可得八十餘萬，除已領卅萬外，尚可得五十餘萬，惟不知何日乃可領得耳。

來此五十日，幾於無日不寫信，茲將先後所發各函，登記如左：

十月十三日　上岳父母大人航快。十四日付郵。

十月十四日　寄上海廣西路二八一號來薰閣張師堯航平。十四日付郵。

十月十五日　復南京中大閏海秋轉詹振文航快。二十一日付郵，在滬曾接詹函。

十六日　復南京中大外語系辦公室方應暘轉方毅侯航單。二十一日付郵。

十七日　寄渝女師于滿川航單。二十一日付郵。

十八日　寄渝王國璋航單。二十一日付郵。

十九日　寄鎮江教育廳彭秉侯轉蔣逸雪航單。二十一日付郵。

二十日　復杭州藝專王光漢航單。二十一日付郵。

二十一日　彝秉寄上海家書航單。卅一日付郵。

十月廿六日　寄上海嚴簡休航單。卅一日付郵。

廿八日　寄福州福清龍田融美中學薛攀星航單。卅一日付郵。
十月卅一日　寄渝女師院張安國航快。卅一日付郵。
十一月三日　復南京夫子廟鈔庫街中心小學顧洗霖航單。四日付郵。
十一月四日　復本市表町台灣省合作金庫徐懿德平信。七日付郵。
十一月四日　寄泰縣城內周橋口西廿五號顧卓峰航快。七日付郵。
十一月六日　寄上海廣西路二一一弄四號文通書站韓士保航單。七日付郵
十一月六日　寄北平琉璃廠來薰閣轉魏建功航快。七日付郵。
十一月六日　復渝女師院張幼明航單，彝秉附函給張夫人蔡友雲。七日付郵。
十一月八日　寄渝江津縣立女中白才玉航單。八日付郵。
寄成都文廟前街電報局翁慰慈航單。同上。
寄南京成賢街中央圖書館張遵儉航快，序附一函。同上。
復渝女師于滿川航單。同上。
十一月八日　復福建晉江通政巷二十二號龔詩蒸航單。十一日付郵。
十一月十一日　復岳父大人航單，序附家稟。十一日付郵。
十一日　寄蘇州中街路六十六號俞友清航單。十一日付郵。

十一日　寄渝化龍橋正街中農行吳經理光仙轉俞增光航平。
十一日　寄北平魏建功航平。十一日付郵。
十一月十二日　代彝秉寄渝北碚女院附中譚英小姐航平。十三日付郵。
寄渝鄧燮紀航平。同上。
寄渝浩文浩航平。同上。
十一月十七日　彝秉寄倖鶴航單。十八日付郵。
十一月十七日　寄南京金陵大學武源澄航單。十八日付郵。
代彝秉寄西安穆家巷八號瞿素紈航單。同上。
十一月十九日　旬四川五通橋黃海社王星賢航單。二十日付郵。
廿日　湖北水下巴河省立第二高級中學女生部王恆貞航單。二十日付郵。
彝秉寄渝鏡弟。同上。航單。
彝秉寄白沙蔡家瓊航單。同上。
十一月廿一日　彝秉寄扐妹航單。二十二日付郵。
彝秉寄南京彭道真航單。同上。
廿二日　彝秉寄上海家書航平快。同上。

寄二弟航快掛號彝秉附寄慕冰。二十二日付郵。
廿三日　彝秉寄杭州翁氏母舅航平。即日付郵。
彝秉寄白沙戴文倩航平。同上。
彝秉寄南昌中正大學羅客梓轉魏戛鳴航單。同上。
寄渝女師院張東曉航單。廿五日付郵。
廿四日　寄舒城桃鎮益豐雜貨莊王章甫航平。廿五日付郵。
彝秉寄渝小龍坎覃家崗中正學校王梅痕航單。同上。
十一月廿六日　寄上海轉江北橋茶西蔡叔舟宅繆蘊輝航單。廿七日付郵。
廿七日　復岳丈航單。廿七日付郵。
復張幼明航單。同上。
復于滿川航平。同上。
迄十一月底止，共發五十一信，彝秉附函四封。郵費自十月起加價。五十一信共支郵費四百廿五元，合法幣一萬四千八百七十五元也。
十一月廿九日星期五　到此一個半月，領得八、九、十，三個月薪津，而寓內佈置一切支出頗不少，故自十一月下半月起，即深感拮据，賴借債為活。初向魏太太借二千元，後又借二千元，迄於今晨，分文無存。不得已於下午冒雨偕彝秉同到水道町臺寓，彝秉留臺家閒談，我則獨往校本部會計處借薪三千元，返臺家後又與彝秉、靜農同往張基瑞、李濱蓀兩家小坐，旋邀靜農來寓晚飯，飲酒。還魏款二千元。

十一月卅日星期六　上午到大學上課，將圖章交裴小姐託代領十一月份薪津。在靜農處午飯，飲酒。飯後返寓，感覺頭痛。

兩月以來之收支帳目，結算如左：

一、收入之項；

二、支出之項由滬帶來台幣一千元，支劃上海四千元。

八九兩月薪淨實得一萬一千九〇八元，支由基隆下船來台北費用一千七百元，用餘闗金兌得台幣貳千一百六十一元，支家具費四千五百六十七元。十月份薪津實得五千九百五十四元，支瓷器珍玩一千四百一十元。魏太太還墊款一十元，支書畫文具六百九十三元。共入台幣貳萬貳千〇廿三元，支被褥衣著一千七百六十八元；支琦璇玖三兒用費一千一百四十五元，支醫藥衛生二十四元；支家用自十月十四日開伙迄十一月一萬一千二百六十六元。底止四十八天共支貳萬六千五百七十三元。

除入計透支四千五百五十元，借魏太太二千元，共五千元，除透存現四百五十元，借大學三千元。

十二月四日補記。

十二月一日星期日（陰曆十一月初八）　今日上午有太陽，下午天氣陰沉。早晨與彝秉同在附近地攤間逛一周，買大碗兩只。昨晚大便又出血。到此一個半月，大便出血已三次，每次俱數日而愈。曩在昆明亦常有此病。今知係內熱太重之故，大約熱帶性之氣候與我不甚相宜。幸此間有西瓜可吃，每吃西瓜即愈。今日又吃西瓜，晚間大便即無血矣。自今日起，改訂牛奶兩瓶，每瓶十六元。上午頗覺頭痛不適，下午似有寒熱。

十二月二日星期一　上午靜睡半日，下午補作日記。天氣陰沉，冷。服治炎片四片。秉買一帆布躺椅，百廿元。

十二月三日星期二（陰曆十一月初十）　璇兒生日，上午補作日記，下午午睡。頭已不痛，精神較佳。上午彝秉為我到大學請假，並從裴小姐處取回十一月份薪津九千四百元，扣所得稅四百零六元，印花稅卅七元六角，證章十五元，實得八千九百四十一元四角。此為調整後之數目。

十二月四日星期三　上午出太陽，天氣較為晴朗。上午，郝敏昌君來，小坐而去。買米五十斤。米已漲價。初來時每斤十三元數角，今則十八元矣。未及二月，米價幾昂三分之一。竟日補記日記。彝秉買冰箱一只，二百六十元。閱金祖同君所寫郭沫若歸國秘記。建功來信商量出售淵如遺存北平之書，並擬令培元將學周帶至滬上讀書，由我等供給費用。又囑即函星賢為淵如撰碑文寄平。又囑再函上海文通書站接洽購書事。今日咳嗽甚劇，蓋連日之痛係重感冒也。今日喉頭略痛，服消炎片四片。連日俱吃西瓜。金瓊英接滬上寄來劃款收條，知前劃之台幣四千元，已於十二月一日交到法幣十四萬元矣。

十二月五日星期四　早晨雲，日午雨止，天色晴朗。上午往大學上課。今日仍咳嗽，無氣力。下午，裴溥言送來代領之十月份補發數三千二百九十五元，扣所得稅二百八十元，印花稅十三元二角，實得三千零一元八角。接上海岳母大人給彝秉手諭，方毅侯兄兩函，王光漢兄一函，彭道真、瞿素紈、鏡弟給彝秉各一函。晚飯前與彝秉同往魏家，在金瓊英室內遇李霽野，略談片刻，取近數日「大公報」返寓。彝秉並玖兒留魏家晚飯。飯後看報。魏太太暨金小姐又來此小坐而去。共軍又攻東台，曾經一度危險，又已穩定。從毅侯函中知倪可權、張猷遠在徐州江蘇學院，王汝銜、吳卓修在江師範，姚若生在鎮江中學。

十二月六日星期五　張幼明由渝匯十三萬九千餘元到滬。晉江款十九萬餘已由滬匯出。天晴出太陽，但有風，仍不覺暖。上海信中謂滬上已下雪，彭道真信中謂京中已下雪，方毅侯信中謂鎮江已下雪，王光漢信中謂杭州已下雪，是證長江下游一帶，已甚冷矣。而此地仍可著夾衣。今日下午且以七十元買一西瓜也。彝秉寄上海航空平快信一，寄鏡弟航空單號信一。與鏡弟函中，我亦附一函，屬向渝慶湘磁處代取魏存書籍與我前存酙籍衣物，一併託交陸鶴屏兄帶至上海。

十二月七日星期六　今日大放陽光，天氣晴和。早晨到校上課。十時下課後與靜農在文學系辦公室內討論文學系事：一、如何填送文學系概況，二、如何支配中國文學十、十一、十二三個月研究費。文學院各系研究室不知又經何人更改為文學系二，中國文學（金祖同），外國文學張志超；哲學系三，中國哲學林茂生，西洋哲學洪耀勳，心理學鄭發育；史學系三，中國史學夏德儀，南洋史學陳荊和，民俗社會學陳紹馨。此名單中林、洪、二陳等人皆台灣人也。前借出納組三千元，以其忘記扣除，今日送還。十一時許與靜農同往其寓午飯。飯後張基瑞君來坐談甚久。

旋又同乘公共汽車，還博物館。館前運動場上適舉行軍用犬警犬比賽會，因佇足觀之。比賽畢，乃入館略覽一周而出，步行返寓，已六時矣。從靜農處借來「書目答問補正」一部。接薛攀星函，並附贈渠夫婦近影一幀。

十二月八日星期日　天雨，下午雨止。氣候並不甚冷。竟日翻閱「書目答問補正」，並將正史之注釋考證各書名，分別錄於前抄廿史解題簿內，以便檢閱。晚飯前，陳生竹軒偕其夫趙景岐君來寓內閒談。趙君在交通處技術室服務。陳生則託我代其謀事。晚飯後又暢談文院之事，九時許始去。

十二月九日星期一　天晴有風，竟日在寓內寫信，計作四函：一復方毅侯兄，一致文通書店，一致來薰閣陳濟川君，一寄建功兄。彝秉亦作一函寄上海黃君山衣。近日日人回國者至多，皆將一切家具什物，擺攤廉售。上午即在門前之地攤上買得玻璃水果盆二只，百八十元。

十二月十日星期二　天晴有風，上午作一函與王光漢兄。午飯後，伴魏太太至靜農家，我到台大上課。課後接得學校通知，謂本校日籍教職員遣送回國者頗多，所遺房舍，業經擬定標準分配，請按附開地點號數與原住人面洽接住云云。指定給我接住之屋，係昭和町五一一官舍五間，原為日小泉清明所住。靜農則接住市村毅所住之屋。乃共請吳守禮君作翻譯，同往接洽。先至市村毅處詢明十六日接替。繼至小泉清明處，則謂正在吃飯，不便接洽，請於明日下午來。乃別吳君，與魏太太同由和平東街乘公共汽車返寓。留魏太太暨小至、小四在此晚飯，吃雞。出納組主任陸君來接洽，謂彼接學校通知，接住我之住屋。接岳父大人手諭，謂晉江款已匯到，杭州款已匯出。接王星賢、鄧德杰兩兄各一函。彝秉接蔡家瓊女士復書。

十二月十一日星期三上午晴，下午雨　上午作書寄晉江龔詩蓀。午飯後，小睡一小時。先往郵局發出連日所書各函，並將文通書目掛號寄陳濟川，共費郵資八十五元。繼與彝秉同乘公共汽車往大學文學院，吳守禮君未來，乃往事務處請其派一人同往接洽房屋事，事務處謂無人可派，遂與彝秉同至小泉清明住宅之四周詳看一遍，到李濱蓀家小坐而返。

十二月十二日星期四（陰曆十一月十九日）　時晴時雨。上午到校上課。課後到靜農處午飯。飯後與靜農同至學校。三時半，又邀吳守禮君同往昭和町訪日人小泉，談定十六日晨九時前到彼處接收房屋，並略看該屋內部情形。似比現住之屋略小，惟間口格式則全相同耳。四周隙地亦不如此間之廣也。接冰女十二月三日來函航空雙掛，謂二日接到我於上月廿二日所寄航快信。時堰於舊曆九月廿八日在砲火連天中收復，死傷二十餘人，家中房屋人口幸未損傷。油坊自去年與工人合開（恐即採勞資合作之方式），今仍照舊打外作。新四軍退走時，原擬將機器拆去，終以廢鐵十餘石與之，始免拆卸。母親大人，康健如恆。父親大人自去年患疥瘡，迄今始愈，然時感發寒，飲食亦不如昔，又以兵燹之餘，生活維艱，遂使年老之人，難進滋補之品。二弟於十一月卅日（舊曆十一月初七）生一子。二弟共有三女二子：長女名瑣，十歲；次女名琥，九歲；長子名琅，六歲；三女名瑰，三歲；次子即初生者也。鄉間租穀，今仍照收云。又接龔詩蓀、王光漢各一函。彝秉接其母舅一函，又姨姐王薺一函。

十一月十三日星期五晴　上午，作一長函與王星賢，下午付郵。彝秉亦發一信，寄其令妹冊永。晚間又寫一信與俞友清，為建功轉去一函。魏太太在此晚飯。

十二月十四日星期六　天氣晴和，著夾袍嫌熱。上午往大學上課。聞學術研究費下午可發，將圖章交與裴君託其代領。午間，全家在魏家吃水餃。下午，彝秉偕女僕同往昭和町懸名牌並看房屋。五時回來。據其觀察之結果，房屋間口視此間為略小，院子尚大，惟室內地蓆甚粗，蓆且又多破爛，牆壁並紙糊拉門幾於全數污損，不加修理，不可住也。擬待接收之後，再加察看，或令修理匠前來估計後再定遷入與否。接武源澄君復書，知冼霖姪已離京返里，稽家樓亦已收復。武君亦有來台之意也，並詢問此間情況。彝秉接㕣妹復書，謂前代墊送王家大姨母之七十壽禮係兩萬元云。

十二月十五日星期日晴　早晨，陸君來詢我搬家之期，告以昭和町之屋急待修理，擬待通知學校派工修理後始能遷離此宅也。上午靜農來，同逛地攤，購木櫃一，二百五十元。午飯，靜農在此飲酒、吃雞。今晨發現所畜之雄雞一目失明，恐其有病，殺而食之。牛奶自明日起停送，以將搬家也。飯後，張基瑞、羅憲君兩君來，同往魏家小坐，散去。午飯時，于君景讓來，謂小泉君託彼通知，明日不能成行。

十二月十六日星期一晴　上午往大學總務處與總務長陳世宏君接洽修理房屋事，彼謂待工務處派人前往察看後再說。在文院靜農室內，商討編纂詩經辭典事，擬一編纂計劃。下午抄八木冬嶺所編台灣書目年表。晚間閱延平王戶官楊英「從征實錄」之朱希祖序。

十二月十七日星期二　天色陰沉，偶有小雨。午刻轉晴。午飯時，小泉君親來通知，謂渠將於明晨動身返國，請我於早晨七時半之前到其住處接收房屋。下午，往大學上課。課後到總務處接洽住屋修理事，陳君允即派工前往修理。晚間整理一切，準備明日搬家。

十二月十八日星期三　晨五時許起身，略加檢點，即與彝秉冒雨同往昭和町，七時到達，小泉一家已整裝待發，我等入室候半小時，彼等別去。靜農亦來接收市村毅之住宅。日人既去，我乃往靜農處略進早餐，回至原處看屋。彝秉回佐久間町搬物。十一時許，彝秉與女僕同攜玫兒並以二板車將全部行李暨家具用物裝來，車費四百元。陳恩平君亦來幫同照料，午刻去。大學工務股，昨已派來工人開始修理。昨日先將屋瓦修好，今日粉刷牆壁。琦、璇兩兒今日照常上學，日午到魏家吃飯。下午四時，彝秉往龍口街接之，而兩孩已隨臺純新回來。彝秉為玫兒購一三輪腳踏車，寄存魏家，費二百八十元。

十二月十九日星期四雨　泥水工人續來刷牆，半日而畢。修理地蓆之工人一名，工作一日，計換新蓆十四張，翻舊蓆七張。晚七時始畢工，留工人吃晚飯，並給以酒資三十元。彝秉早晨親送琦、璇兩兒乘公共汽車往學校，十時許返。我於十時到校上課，午刻返寓所。兩小孩仍在魏家吃午飯。

十二月廿日星期五雨　早晨彝秉親送琦、璇兩兒上汽車後返。竟日整理一切，各處打掃。此間訪我並不差於前住之屋也。院內空地全經小泉君闢為菜圃，若能繼續經營，每日蔬菜可以不買。又此宅朝南，冬日可以入屋，亦是一大優點。院內有滑梯一架，為小泉所留，小孩甚喜之。黃雞有病，殺而食之。晚間與靜農飲酒吃雞。

十二月廿一日星期六天雨　上午往大學上課。琦、璇兩兒以天雨未往上學。接岳父大人手諭，又接張幼明、方毅侯兩兄各一函。續接幼妹函。白雞又有病，亦宰之。晚間與靜農、基瑞飲酒吃雞。飯後濱蓀亦來，閒談至九時許始散。向張基瑞借用千元。前已借靜農五百元。

十二月廿二日星期日冬至　打掃屋基四圍。收拾雜務房。院內鋤草。種菜二區。晚間在靜農處飲酒吃晚飯。

十二月廿三日星期一　天氣晴和，陽光甚好。繼續院內整理及鋤草工作。又種菜一區。接建功航函。又接來薰閣陳濟川君函，知文通《四部叢刊》已經交還。接王星賢寄來黃海化學設附設哲學研究部特輯一冊。續寄幼妹航信一封。修紙門之工人將屋內所有紙門全部取去裱糊，約定明日送來。

十二月廿四日星期二　天氣晴和，一如昨日。彝秉上午送琦兒上學，順至魏家借了二千元，晚間還靜農五百元。璇兒發風疹，未上學。下午到校上課。新裱糊之紙門送來室內煥然一新。十至十二三個月中國史學研究費三萬元，開單分配用途，交文院事務室。昨日下午女僕回家，今晨來，買得萵苣菜秧數十根，茄秧十九根，南瓜秧二根，共二十元。傍晚鋤土，一一種入土內。晚飯後在靜農處閒談九時許返寓。接王國璋自舒城來信，謂咼存其家中之書，多已損失，惟史記、漢書尚完好云。

十二月廿五星期三（陰曆朦月初三）　早晨大霧，九時霧消日出。今日為民族復興節，各校放假。彝秉率琦、玖兩兒於下午往遊動物園。璇兒風疹未癒，為避風計，床一日，晚間服炸鷓鴣菜三包。午刻，張基瑞君來邀往其寓內飲酒，濱蓀亦在座，飯畢返寓午睡。傍晚鋤地二方，種菜。晚間在靜農處閒談。

十二月廿六星期四晴　天氣晴和，雖著夾衣，猶覺其熱。上午往大學上課。魏太太在此午飯。飯後與彝秉、靜農並魏太太同乘四路車往太平町及其附近閒逛購物。六時始回。買生薑漬二盒六百六十元，備帶滬上。另買地圖一幅、三十六年日曆一付。靜農在此吃晚飯飲酒。飯後張基瑞、李濱孫暨李霽野夫婦先後來此閒談，九時許始各散去。璇兒今日未能上學。

十二月廿七星期五　早晨小雨，旋止。璇兒上學。領到本月份薪津九千百元，扣印花稅三十七元六角，住屋租金八百五十二元，實得八千五百一十元四角。住屋租金究竟扣除幾個月，每月究扣若干，皆不得而知。彝秉上午往魏家還款二千元，留彼處午飯，飯後與魏太太同往重慶南路一帶購物。彝秉買魚皮二斤（三百元），與昨日所購生薑漬二盒一同託郭可大君帶滬。接陳濟川寄來書籍提單暨發票收據等件。又接王章甫復信。寫信二封：一寄鄧德杰，一復武源澄。晚間在靜農處飲酒。

十二月廿八星期六晴　上午到校上課。課後將書籍提單並發票收據等件面交校長陸君。下午整理園地。還張基瑞君一千元。工務股派工來配玻璃。

十二月廿九日星期日晴　大風。打掃院內，焚去穢草。前在佐久間時即開始孵雞，迄今已滿二十餘日，昨晨即已出雞，今晨出全。原孵九蛋，共出八隻。惜照料未周，又為母雞踏死二隻，只存六隻也。四白、一花、一黑。晚間閱報。

十二月卅日星期一晴　寫信三封：一寄繆培元，一寄陳濟川，一寄陳竹軒。連同廿七日所寫二函，一同付郵。彝秉下午，往實驗小學帶同琦兒往共濟醫院看耳朵。下午洗澡。彝秉以郭可大君已於日昨返滬，乃於昨晚繕一家書寄岳父大人，請其派人到虹口，塘沽路三二六號往取託帶之物。此函今晨七時付郵。上午整理園地。午飯後，往大學上課，行至大操場，遇學生二人，謂文法院第一二組學生自昨日起即皆返家，事實上自昨日起即不上課，大約本週內皆不得上課云。因即返寓。午睡二小時。文學院事務室派人來通知領取研究費。下午四時與靜農同往出納股領得八月迄十二月五個月學術研究補助費台幣四千二百八十六元，合法幣十五萬元。彝秉下午往接琦兒到醫院診耳疾，並購米三十斤而回。米每斤十八元七角。接王光漢函、妹函、俞友清函、文通書局函。台妹函中謂重慶之款已到。俞友清兄煩在揚州中國農民銀行任事。今日為舊曆丙午年十二月初九日，琦兒之生日，晚間吃麵，靜農在此飲酒。今日結算本月用度，計支家具用物八百八十二元，瓷器珍玩三百三十三元，書畫文具七十三元，衣著之類一百一十元，三小孩用費三百零四元，醫藥二元，搬家送禮八百九十元，共二千五百九十四元；加本月份伙食家用八千六百元，共支一萬一千一百九十四元。領得研究費後，身邊所存現款計約九千元。本月計發函件二十二件，支郵費一百九十一元。

民國三十六年

一月一日星期三（丙戌十二月初十）陰　自今日起放年假三日。上午鋤地種菜。下午小睡二時，到靜農處談閒。晚間在靜農處飲酒吃飯，張基瑞君在座。九時返寓。在靜農處見到張安國兄函，悉其新生之子不幸夭折！

一月二日星期四晴　上午閱連橫氏《台灣通史》。午後，李霽野夫婦並裴、李、王三君來，坐談甚久。往靜農處。靜農留吃晚飯，我亦作陪。晚九時許始散。琦、璇兩兒隨臺二姐往師院看話劇——日出，十時許返。

一月三日星期五　上午十時與靜農一同出遊。先乘四路車至御成町，閒逛多時，各吃麵一碗，續乘五路車往西門大街，至淡水河邊小坐。又同往小館內飲酒吃麵，靜農費百數十元。繼又同往博物館前之宣傳委員會職員宿舍內看靜農之友吳葆萼君。別吳君後，步行而回，已五時許矣。晚間早睡。序復台妹一函，今日付郵。

一月四日星期六晴　上午閱《台灣通史》。靜農請其同鄉吳、徐兩君在寓內吃午飯，邀我作陪。飯後閒談至四時許，吳君又來我寓內小坐而去。下午彝秉攜琦兒往共齊醫院診耳疾，醫生謂係中耳炎。晚間閱台灣通史。下午買一西瓜，重十三斤半，只五十餘元也。今晨原本有課，以學生謂須下週始得上課，故未往。早晨，裴溥言君送贈插瓶之花二束。

一月五日星期日晴　《台灣通史》，今日閱畢。午間，女僕阿桂接其家中轉來通知，謂其祖婆逝世，因即請假返里。付以本月工資五百元，另給百元，以助喪費。

一月六日星期一晴　昨今兩日，天氣甚暖。今晨大便又出血，兩腿異常酸疲，周身無力，不知何故。上午，閱匪石著《鄭成功傳》。此書係甲辰年在日本出版者。匪石，不知何人，以其文辭觀之似出梁啟超之手筆也。此書係曩在杭州時，於舊書攤上以銅元十餘枚得之，久置行篋中，今始詳細一讀也。下午，彝秉往小學帶同琦兒往醫院診耳疾。晚間在魏家吃飯。飯後又與琦兒同往中山紀念堂看話劇（鄭成功），夜十二時許返寓。序接成都翁家小姨母函。

一月七日星期二　上午晴，下午小雨。下午往大學上課二小時。今晨女僕返寓。接王光漢兄來信。序接福清扐妹函。來薰閣寄到建功代文學院所購書籍三包。來薰閣陳濟川有復信來，謂文通之《四部叢刊》冊數不少，發票上所開冊數係一時書寫之訛，容後更正云。下午，彝秉又伴琦兒診耳疾。買米百斤，千八百八十元。開始作鄭氏年表。

一月八日星期三雨　竟日整理園地。種芹菜，春菊（即茼蒿）、杏菜（即莧菜）各一區。接王星賢兄函，接岳母大人手諭，並附來兩老近影一幀。彝秉復書，當日掛號付郵。

一月九日星期四晴　上午到校上課，以學生為抗議美兵暴行事遊行，未能上課。在吳守禮君室內閒談。吳君謂日人桑田君乞彼介紹，欲與我認識，乃與吳君同訪桑田，以渠今日未來，未能晤談。桑田君為文院史學系教授，研究東洋史（日人所謂東洋史，實以中國史為中心），兼及南洋史云；任南洋史學教授。日午，靜農、霽野、金瓊英，及魏太太在此午飯。飯後彝秉往帶琦兒看耳疾，傍晚始回。續作鄭氏年表。

一月十日星期五晴（舊曆十二月十九）　寫信給建功兄，並開書單（為文學院史學系買）請建功於到滬時代辦。此函下午繕就，又接會計處通知，謂各研究室研究費頃於本月二十日前報銷。逾期不報，即移作三十六年度支出云。寄建功函以此停發。晚間續作年表。序於下午伴琦兒診耳疾。

一月十一日星期六晴　所孵小雞，傳染瘟病，逐日減少，今已死光。上午往大學上課。兩班通史，俱已授完上古部分。課後與靜農同訪陸校長，接洽研究費報銷期，可否略為展緩，以便時間上來得及函滬購書，陸君答謂須與會計處商量。又談及研究室暨圖書借用事，不得要領！陸謂下學期將裁減兼任教員，而於專任之人則須增加授課鐘點云。繼與靜農同往會計處詢問研究費之報銷事，據會計主任許君答復謂卅五年度各費此時已不能動用，已領之款務於本月廿日前報銷云。是最近三個月之研究費。只得放棄不用矣。出會計處，適接秘書處通知，囑攜章往填旅費收據，乃又與靜農同至該處，各填旅費收據二紙，一紙三十萬元，一紙二十萬元。下午，靜農及裴溥言來閒談。靜農謂昨訪陳達夫從其談話中聞知，陸確曾函聘顧頡剛來長文院，顧尚無復信云。文學院長一席迄今無人，一個半月之前，陸曾面告金祖同，囑其轉達建功擔任此職。茲又另聘顧君，不知何故。一月四日在靜農處午飯，又聞教務處職員徐君談及校長曾囑彼代發一電與南京劉某來任文學院院長。不知陸某葫蘆裡究竟賣的什麼藥也。下午，彝秉又伴琦兒往醫院看耳。

一月十二日星期日晴　早晨，鋤地一方，種刺瓜（即胡瓜）子百餘粒，及金瓜（即南瓜）秧二株。十一時許，靜農全家往看話劇，請我到彼寓內看屋，因即攜書數冊而往。午晚兩餐，由女僕來喚我回寓吃飯。直至晚間八時許，靜農一家始回寓。我除下午午睡二小時外，皆作鄭氏年表。

一月十三日星期一雨　木炭價大漲，每百斤三百元。買木炭百斤，三百元；木柴二百斤，百五十元。上午作年表。下午與彝秉同往兒玉町一帶購物，繼則由我往小學接琦、璇兩兒，同還魏家會同彝秉往醫院為琦兒診耳。診畢率兩兒同乘四路汽車返寓。付十二月份自來水費四十元。

一月十四日星期二晴　下午上課，課後領得年終獎金半個月，四千七百元，扣印花稅十九元，書畫展覽會券十元，實得四千六百七十一元。研究費報銷期經林茂生君與當局交涉，允展期一個月，是又可以買書矣。又買木炭百斤，三百廿元。下午，彝秉伴琦兒往醫院診耳疾。台大文學院長，聞已聘定錢歌川。

一月十五日星期三晴　上午與彝秉同往南門菜場買閹雞二隻：一重五斤十兩，四百六十元，送贈魏家，以琦、璇兩兒近一月來皆在魏家午餐也；一重六斤半，五百五十元，留作過年請客。提雞同至魏家，留吃午飯。飯後我攜一雞乘四路汽車回寓。彝秉與魏太太同往台北橋一帶購物。晚飯後始率琦、璇兩兒回買大床草蓆一條，備送岳母大人，二千八百元；枕蓆二條，三百元；卓如草帽一頂，三百五十元；三小孩草帽各一頂，每頂八十元；共費三千六百九十元。向魏家借二千元。晚間，張基瑞君在此閒談，十時始去。

一月十六日星期四雨　上午往大學上課。魏太太在此午飯。作年表。琦兒隨魏至診耳疾。

一月十七日星期五　夜間雨，早晨晴。旋又雨，竟日未止。接鄧德杰君自上海來函。接榴弟自渝來函，知存渝書籍行李尚未帶出，大端硯已經查到，確在皮箱內。接岳父大人手諭兩通，知前託郭可大君帶滬之糖薑、魚皮已經取到。接張遂儉君自天津來函，驚悉其夫人陳友潛女士於一月三日逝世。接冰女舊曆十二月初五日函，謂父親大人之病經秀成兄診治服藥數帖，精神較好，食量亦增。又謂家中之書略有損壞，而卓峰兄取去之書，內有《四部叢刊》初編，則全焚毀矣。彝秉接扐妹函。下午，金祖同兄來訪，渠於十五日由滬返台也

一月十八日星期六雨　接龔詩蒸函，謂前由上海匯去之款已經收到。上午到校上課。課後往文院事務室領研究費三千元，備購書。下午發一月份薪，裴君代領，除扣印花稅卅七元六角，實得九千三百六十二元正。下午，開始閱朱芳圃編《甲骨學商史編》。接北平來薰閣來函，謂有書籍十六包已付郵寄我轉交台大文學院，並附來書目一份，以備選購。又附建功一函。

一月十九日星期日雨　竟日閱《甲骨學商史編》，晚間閱畢。下午遣女僕往萬華購物。李祖同君贈我香菸一條，乃由上海攜來者也。裴溥言告我，謂聞秘書處職員云，新聘文學院長錢歌川又不來。

一月廿日星期一陰　上午與彝秉同往南門菜場購各種食物。又買米百斤，二千零廿元。順至魏家還前借款二千元。下午，李濱蓀夫人來挪用二千元。午四時許，張基瑞君來告，旅台北大同學在勵志社召開同學會。因即同往。先至開明書店為學校購書若干種，付一千四百十八元，書籍囑其明日送到文學院。繼勵志社赴同學會。來者共十四人，多為一班小官僚，毫無意味，吃西餐一頓而回，費四百元，歸途與張君皆深悔此行之不值得。回寓後，燈下做獅子頭，備明日請客分餐。靜農暨濱蓀夫婦來參觀此菜之做法，十一時許始去。今日約定李家全家及張基瑞君其小女明晚來寓分餐。魏太太來約，舊曆元旦到彼處午飯。

一月廿一日星期二（農曆除夕（卅））小雨　上午整理一切，下午到校上課二小時。又從鄭君處領用研究費台幣三千元，託黃君購書。女僕下午回家過年下午五時，濱蓀一家並張基瑞父女二人俱來，六時吃晚飯，七時許散去。上午，彝秉又往兒玉町購冰及其他雜物。晚間全家洗澡換衣睡覺。琦兒今日停止診耳。琦、璇兩兒課業，迄今日止，明日不必上學矣。

一月廿二日星期三（舊曆元旦）　上午雨下午止，早晨整理一切，準備出門。十一時許，裴溥言來為我看家。乃與彝秉同攜三小孫乘公共汽車往魏家。時李霽野全家並金瓊英君已先到。待靜農濱蓀兩家到齊，吃飯。飯畢已三時許矣。步行而歸。晚間早睡。約魏、臺兩家並王汝聰、李華瓊、裴溥言三生明日午飯。

一月廿三日星期四陰雨　早晨，張羅一切。十時到校上課，十二時返。客人已到。一時許先吃茶點，繼吃午飯，三時許畢，各散。孫培良君來訪。晚間與彝秉同在靜農處晚飯，同席者為周學普、張基瑞、孫培良三君，夜十時回寓就寢。女僕下午來。

一月廿四日星期五陰　上午，彝秉與女僕同攜小孩往圓山遊動物園，我在寓內看家。飯後午睡，以連日應酬較忙，至覺疲倦也。晚間，彝秉應魏太太之約，同往中山堂看話劇（日出）。彝秉於下午五時離家，攜璇兒同去，今夜即宿魏家。我帶琦、玖兩兒睡覺。晚間在靜農處飲酒，九時許返寓。下午，孫培良君在此小坐。

一月廿五日星期六晴　早晨到校上課二小時。此次過年，總計費三千元。上午，十時許，彝秉攜璇兒返寓。整理園地。下午，張基瑞君來訪。彝秉又攜三小孩同往看其夫人，旋返。閱潘承弼、顧廷龍合編《明代版本圖錄初編》（全書四冊，開明出版）。此書尚佳，他日應買一部，以便常常翻閱也。

一月廿六日星期日雨　天氣冷。琦璇兩兒原應於今日上午往小學參加本學期休業式，以天雨未往，託臺純行取成績單二紙，皆係丙等成績，是見平日不用心也。彝秉作書二封：一上岳父大人，一復慰慈小姨母。付十二月份電費五十六元。閱宋翔鳳《過庭錄》，中有書說上下及書譜，皆研究尚書之參考資料也，他日應再細閱一遍。

一月廿七日星期一晴　大風。冷。上午寫信二封：一寄來薰閣陳濟川，給建功兄。開購書單寄陳君託其辨理，並附靜農所開書單。午飯後與彝秉同往錦町郝家拜侯，並贈其小孩點心二色，費百元。郝君不在家，晤其夫人陳思平女士，閒談片刻，返寓。路過張基瑞君寓前，張君適與其女僕以言語不通發生誤會，女僕要走，張君乞彝秉為之調解，下午，孫培良君來，留其吃晚飯，臨時買菜沽酒，費二百五十元。聞米價已漲至每斤廿五元。

一月廿八日星期二陰　大熱水瓶破爛。上午接岳父大人手諭，謂重慶又匯到八十三萬餘元，已將八十萬元託震夏存放生息云。又接北平來薰閣寄書提取單。下午到校上課，課後將該單交文學院事務室派工往郵局領取。彝秉寄張安國夫人航平一封。

一月廿九日星期三晴　書籍十包，送來。上午，彝秉持陳禮節君之介紹函，偕琦兒同往省立台北醫院（原係台大之第二附屬醫院）訪林天賜君診耳疾。陳禮節君為厲綏之先生之令婿，頃任台大醫學院教授兼第一附屬醫院院長，其夫人（即厲綏之先生之女）則任省立師範學院之校醫。厲綏之為岳父大人之至友，故彝秉前曾訪之，取得其介紹書也。林天賜君，台灣人，頃任台大醫學院教授，兼省立醫院耳科主任，據陳君云，林為此間耳科醫生之第一人也。據其診斷之結果，謂右耳係中耳炎，鼓膜已破，但年幼有生長力，可長得好；左耳鼓膜亦凹進，為之打氣可愈。鼻中阻塞整物不大，年歲稍長自可消去，不必動手術云。於是右耳塗藥，左耳以機械打氣。纔打一次，聽覺果然較敏也。接張幼明兄函，悉所匯之款，總數為八十四萬三千五百十四元，匯費一萬二千四百六十一元，實匯八十三萬零七百五十二元。內龔書熾君之內有續領還鄉費廿萬元款五十四萬五千五百九十九元零六分（原存卅萬之利息共四萬五千五百九十九元零六分），本人續領之還鄉費廿萬元，建功四月份得公費四萬五千元，靜農、霽野各貳萬七千元（共九萬九千元）。據上數算來，計差一千數百元，必係龔君存息中扣取所得稅之數。接二弟一月十日航空單號信，略謂家中除龍屋以北之房屋二十餘間被無代價拆除外，餘尚完整如初。至於油坊之繼續經營，則係採取與工人合營專打外作之方式，其目的在保持機器及房屋耳。今秋開作三四個月，可獲利八、九十石秈稻，我家可分得一、二十石也。父親大人疥瘡已愈，身體亦較前康強，其老幼均安。家中藏書，除《四部叢刊》初編為卓峰取去被毀外，餘皆完善云。閱朱東潤所著《張居正大傳》。

一月三十日星期四雨　以天雨故，未帶琦兒往醫院診耳疾。大學圖書館通知，上海來薰閣交運之書已取到。上午到校上課，本學期所講教材今日結束。教務處通知，下星期二考試。魏太太及金瓊英俱在臺家午飯，我被邀作陪；下午閒談半日，晚飯後始散。

一月三十一日星期五陰　上午，彝秉攜琦兒往省立台北醫院診耳，承林天賜醫生之好意，代為通知共濟醫院之耳科醫生，以便平日到彼處診治，星期五則到台北醫院由林君親自診察，為此可省每日長距離往返之不便也。耳疾診畢後，彝秉又為琦兒請小兒科醫生檢查其體內有無疾病；經詳細之檢查，未能發現任何病症，囑下次將大便帶去檢驗。上午，文學系助教張圖南君來訪。下午，張基瑞君以其近擬著手之論〈先秦時代之楚民族〉大綱來與我商討。結算本月份帳目，共支貳萬零三百一十元，其中送禮應酬過年節之特殊支出計七千四百一十元，家用計一萬一千四百九十七元。本月家用之所以多者，以有存物在也。（計食米百卅斤，木炭百五十斤，柴百四十斤，花生油四斤，肥皂三十四塊：總計約值四千餘元，是本月家用仍只七千五百元也。）連日物價大漲，以後殊難維持也。

二月一日星期六晴（舊曆正月十一）　我所授歷史課，本學期已結束，今晨二小時未上。上午與靜農同往學校一行，順至工務處請派工來寓裝壁上電氣插頭。上午在靜農處遇到劉天予君，劉亦在台大文學院任教授云。上午與彝秉同攜小孩往附近之龍安坡小學詢問轉學事，據謂須取原校之轉學證書，即可分別插班云。下午，彝秉攜琦兒往共濟醫院診耳。晚間，李濱蓀還款千元。彝秉隨往其寓聽無線電，夜十一時許始返。竟日閱《張居正大傳》。

二月二日星期日晴　早晨，大學工務組吳君親來裝置抬燈插頭。上午，秉攜玖兒往魏家玩，晚飯前返寓。向魏太太挪用三千元。米價已漲至廿八元一斤，頃以糧食局有平價米出售，故回跌至每斤廿五元。然他物之價仍上漲不止，為白糧每斤已達七十元，花生油每斤已達百元矣。晚間，序作滬稟一封。下午，張基瑞君來閒談，謂薪津調整之說已確呈，惟限制甚嚴，曾任副教授四年以上者加百分之四十，任教授十年以上者加百分之六十云。張居正傳閱畢。

二月三日星期一晴　下午小雨　修樹枝工人來，修剪樹木，今日已將大門前及院內之樹木修剪完畢，明日尚須修剪花棚也。下午，我帶琦、璇兩兒同往理髮，並至共濟醫院為琦就診耳疾。據醫生云，耳病已漸愈，此後不必天天就診，隔一、二日去一次可矣。女僕下午回家。給工資六百元。

二月四日星期三雨　立春，上午到大學考試歷史，自監一堂，助教余君代監一堂。從試卷上所填之院系別，知中文系有學生四人，史學系一人。修樹木工人以天雨未來。女僕傍晚來，下午魏太太來，請其授我日文字母。帶贈蛋糕一盒。孫培良君贈我《東洋歷史地圖》一冊。實驗小學發給琦、璇兩兒轉學證書各一紙。北平來薰閣寄書單送來，即交文學院事務室派工往取。

二月五日星期三（舊曆元宵）晴　北平書籍六包送來。連前共十六包，打開檢點，不訛。剪樹木工人又來，修剪花棚，下午五時畢工，與以工資二百元，另購花棚上用竹竿數根，百元。午飯後，彝秉攜三小孩先至共濟醫院為琦就診耳疾，再往魏家與魏太太同攜兩家小孩往兒童遊戲場及博物館遊覽，回至魏家晚飯，八時許返寓。下午，吳守禮君來訪，並出其近作〈校劉芑川海音書後〉一文請我指正，文殊不通，令人驚異，只得略指數處令其自加修改。又請吳君教我日文字母讀音。

二月六日星期四晴　大風，冷。上午先與彝秉同攜琦、璇兩兒往龍安國民小學校辦入學手續，並見其校長吳君。據謂入學惟一手續即須填寫入學申請書。並須送請區公所暨教育局分別蓋章核准後，始得入學。於是取空白申請書二紙備用，先將兩孩分別插入三下、二下讀書，補辦申請手續。彝秉並為兩孩購買書本暨課業用品。頃與靜農及裴溥言君同往大學圖書館開箱點書，計《四部叢刊》初編二千一百十二冊，二編五百十冊，三編五百冊，大數不訛；來薰閣附來各書，亦俱送去。建功經手所購第一批書皆已交清矣。午後，彝秉往區公所接洽入學申請事，以我等遷來此間後未報戶口，不允加章，約定後日往填戶口表，並辦申請入學手續。下午，靜農邀我同往螢橋閒逛，購得目前可種之種子六種，並殺蟲藥一小瓶，共費六十元。又在一舊書舖內買得日文本世界年表一冊，八十元。繼往霽野處閒談，留吃晚飯，八時許返寓。今日在圖書館中晤到桑田君。

二月七日星期五雨（舊曆正月十七） 寫信五封：一寄揚州中農行俞友清兄，一寄上海來薰閣陳濟川君，一寄杭州藝專王光漢兄，一寄鎮江商務書館轉蔣逸雪兄，一寄天津南開大學圖書館張遵儉兄。今日為彝秉卅九歲生日，晚間吃麵並邀靜農來飲。此間麵食甚貴，切麵六十元一斤也。彝秉上午攜琦兒往第二醫院診耳，林醫生謂耳疾並未痊癒，仍須逐日就診。又到小兒科檢驗大便，謂有蛔蟲，服殺蟲藥。

二月八日星期日晴　上午，先與彝秉同赴大安區區公所報戶口，其辦事員尚未到，守候頗久，又謂戶口登記用之表格尚未從市政府取來；於是返寓。繼又與彝秉同攜玖兒往台師附小報名，途中適遇基瑞、濱蓀兩兄，乃一同前往至附小見其主任王君，為玖兒報考幼稚園，納費五元；又與商琦、璇兩兒轉學事，承允插班。遂決定將琦、璇兩兒轉至台師附小讀書。下午，彝秉攜琦兒往共濟醫院診耳疾，並在金君瓊英處晚飯，九時許始歸。女僕下午回家。

二月九日星期日晴　上午寫一信復岳父大人。下午鋤地種敏豆（即四季豆），並播芹菜子。午飯後，台北郵局局長徐公荷君伴同牟鶴之友龐左玉小姐來訪，龐近自上海來此舉行畫展，孫府託渠帶來衣料等物一小包。張基瑞君代我印名片一盒，五十元。

二月十日（月）晴　上午寫信一封復張幼明兄。前昨所作諸函，今日一併付郵。下午與彝秉同攜琦兒往共濟醫院診耳。並至女師附小回候龐左玉小姐。

二月十一日（火）晴　上午與彝秉同攜玖兒往台師附小應幼稚園入學試驗，以人多久候，日午始返。下午，我琦兒往共濟醫院診耳，順至魏家小坐。下午，陳思平君來訪，攜贈酒一瓶，鳳梨罐頭二只。傍晚，方師鐸君來訪。報載上海金融紊亂，金價黑市達七十萬元一兩，美鈔達一萬二千元，物價因之飛漲。晚間閱卷一班。

二月十二日（水）晴　上午閱卷，記分，存底。送試卷並分數單到一年級教務組，面交黃君。向文院事務室領得信紙信封稿紙各一札。晤總務長請囑工務組派木工來寓修配木門地板柱腳。並將核准之字條交工務組吳君。學校通知加薪補充辦法，我以不符條例，未填表。前託魏太太送修之手錶二只修好取來，一費三百元（序），一費百五十元（卓）。下午，序伴琦兒往共濟醫院診耳。下午，與靜農商談填表事，靜農勸我填了再說，因即照填，並附中法先修班，暨女師院服務證件八紙。晚間靜農提議喝日昨陳思平君送來之威士忌酒，我已允之；適彝秉回寓，謂此酒備請龐姐之用，不可喝；無可奈何之際，只得另沽紅露酒一瓶與靜農同飲之，興味索然。

二月十三日（木）晴　金祖同君上午訪靜農，靜農留渠午飯，邀我同飲。金君回教徒也，只吃魚蝦牛肉等物。金君從我處取去太平廣記一冊。此間連日受上海金融風潮之影響，金價昂至台幣四萬元，物價暴漲。先是米價逐高至二十八元一斤，糧食局乃以平價（每斤二十二、三元）出售，以謀平準米價；談自昨日起，全市各米店皆不售米以為抵制，遂陷市民於無處購米之苦境。濱蓀家中素係每三日買米十斤，今日忽無米可買，乃大恐慌。聞黑市米已售至卅餘元一斤。下午，彝秉伴琦兒往共濟醫院診耳。傍晚，孫培良君來邀靜農與我同往小飲。乃共乘四路車先至孫所寄寓之陳廉記旅館，張雪門君亦在，小憩片刻，四人同至華北飯店飲酒，吃水餃，孫君費千元。出華北飯店，又至咖啡館各飲冰淇淋一份，我與靜農別孫張兩公步行返昭和町，途中小雨。購甘積散五包，五十元，備小孩服之殺蛔蟲也。

二月十四日（金）雨　上午與靜農、濱蓀、基瑞同往大安區之公所辦戶籍登記事。至則人多擁擠，守候多時，始取得表格數紙，詢明填寫之法，並即一底稿交戶籍員改正後攜回填寫正本。上午，彝秉伴琦兒往第二醫院診耳。下午，我在寓內陪玖兒午睡，彝秉攜米十斤送往魏家，以魏家連日買米未得也。今日仍是滿街無米賣，聞黑市米已達六十餘元一斤矣。上午鄰長來查問人數，並通知配售食米辦法。下午四時，張基瑞君來閒談。旋邀我與靜農、濱蓀同至其寓飲酒，但聲明不能吃飯，以渠僅存一日糧也。四人飲酒四瓶，皆有醉意。各吃麵一碗。飯罷同往濱蓀處聽無線電播音。九時回寓。

二月十五日（土）雨　早晨填就戶籍登記表，到靜農處擬同往區公所登記，正欲出發，而洪耀勳吳守禮兩君來，閒談至午始去。乃於飯後與靜農同赴大安區區公所辦理登記，詎戶籍員翁某謂若在他區先已登記，須取得其遷出之戶籍謄本始可，乃又與靜農同往牯嶺街古亭區之公所接洽，未能查得，由其戶籍員吳君書一便條交我等。又回至大安區公所，各書甘結一紙，大意謂未在他處登記戶籍，設有不實情事，願負責任，始得完成登記手續，各領配米證明書一紙。寓內女僕未能登記，故我寓內領米人數為五人也。回至和平東街，往訪里辦事處，則尚在修理房屋，無人辦公，又不知鄰長為誰，住於何處，以致雖有配米證而仍無處購米。連日奔波，而結果如此，乃知吃飯之難也。來薰閣購書發票開來。

二月十六日（日）雨冷　璇兒病，未上學。上午，往台師附小看幼稚園考試結果，計取四十六名，玖兒錄取，列第十三名；規定二十日前往註冊入學。下午，方師鐸君來，魏太太託其帶還食米十斤。張基瑞、臺靜農亦來此閒談。

二月十七日（月）雨冷　早晨往省立台北師範附小為琦璇兩兒註冊。琦兒編入三年級甲組，該級級任李先生；璇兒編入二年級甲組，該級級任王先生。今日先將轉學證書分別交與兩級任先生，約定明晨攜兩兒前納費入學。靜農為我刻圖章一顆。上午，發航單信二封：一係彝秉家書，一係彝秉寄蔡家瓊女士。上午，鄰長黃安福君，來通知領米，乃將配米證明書與之，並在總單上加章，遣女僕隨其同往區公所助其領米，午飯後始分得十斤，每斤平價廿一元二角，計出二百一十二元。下午再往領購配給米（每斤十二元六角）未能取得。是本禮拜間只得此十斤米矣。幸寓內前曾存米數十斤，否則豈不餓飯哉！玖兒感冒發熱，服消炎片。璇兒病愈。上午魏太太來，借我八千元。在此午飯。飯後與彝秉同攜琦兒往共濟醫院診耳疾。

二月十八日（火）雨冷　早晨送琦璇兩兒入學，為各購書籍數冊，以在註冊期中，尚未正式上課，故僅帶兩孩分別見其級任先生後即同返寓。上午，與靜農冒雨往文學院事務室將購書單據一一交去，並請即日匯款上海來薰閣，買書餘款存我處者亦均找清。金祖同兄亦來校，並贈我菠蘿酒一瓶，午邀其來寓午飯，飲酒，飯後小坐而去。武漢澄君由南京來書，謂渠近曾返里一行，家鄉一帶尚平安云。北大同學郝君瑞恆，山西人，在師範學院國文系任副教授，將於本月二十六日在國際飯店與陳美超女士結婚，今日發來嘉柬一份。陳為台人，任新台公司會計員，年輕而寡者也。女僕下午回家。

二月十九日（水）雨冷　女僕上午十時許來。上午，彝秉率琦兒往第二醫院診耳。上午，金祖同兄來約今晚到中山堂看「桃花扇」話劇。上午，王汝聰君偕一女師學院畢業之同學吳學瑤君來訪。吳生，湖南人，近自上海來台，任省立女師教員。下午五時許邀靜農來寓晚飯，飯後同乘四路車到中山堂。金兄已在門外守候頗久，因即取票一同入場，甫坐定，即開演。劇本係就桃花扇改編，劇情尚好，扮演亦熟，佈景尤佳。十二時畢。出戲院別金兄與靜農步行而歸。回寓後又與靜農飲酒吃麵。二時許始就寢。在戲院內見劉大白之幼女，金兄之未婚妻也。又見郭沫若之二子，皆自日本來此者也。

二月二十日（木）雨冷　早晨，我送琦、璇兩兒入學。彝秉送玖兒往幼稚園註冊。納第一個月點心等費七十五元。聞李濱蓀兄近來手頭甚窘，彝秉送二千元去，借之。

二月二十一日（金）陰曆二月初一雨冷　接北平來薰閣函，謂又有書付郵。早晨我送璇兒上學，並為琦兒請假。上午，彝秉伴琦兒往第二醫院診耳疾。下午張基瑞君來接洽省訓練團兼授歷史事，允之。晚飯在靜農處飲酒。

二月二十二日（土）雨　天氣頗冷，竟日在寓內烤火看書。連日大便出血，略感不適。下午洗澡。晚間在濱蓀處借羊皮袍一襲著之。女僕回家。下午彝秉往龍安坡小學為琦、璇兩兒中請退學。

二月二十三日（日）晴　晨，女僕來。午前，孫培良君來，留此午飯。飯後，彝秉率璇、玖兩兒同往女師院附小訪龐小姐，未遇而返。下午，在靜農處閒談，李霽野夫婦金瓊小姐及魏太太在。傍晚往理髮，費四十元。

二月二十四日（月）晴　台大今日開學。上午與靜農同往文學院，取得上海來薰閣寄來書籍三包。事務室鄭君又將購書發票交來，謂匯滬之款須具書面說明，請校長核准後始能匯寄云。早晨彝秉往約龐小姐暨魏太太本日晚間來寓便飯，並購菜蔬而回。領到二月份薪津九千四百元，扣印花稅卅七元六角，介壽館獻金四百元，房金五百六十八元，實得八千三百九十四元四角。今日由洪家為本鄰（第九鄰）各家往區公所購米，結果我與靜農並其他各家俱未買到，不知何故。傍晚，鄰長黃君來，謂明日再往購領。下午玖兒開始上幼稚園。大學送來家具一副，計寫字檯一張，小圓桌一張，沙發四張。下午，我伴琦兒往共濟醫院診耳。掛號後到魏家小坐，借閱大公報文史副刊等一束。診耳後與琦兒同往附小邀龐小姐同乘四路車返寓。車中適遇張雪門先生，因邀其便飯。魏太太亦來。晚飯之客計張雪門、龐小姐、魏太太暨靜農四人。飯後各散。此一應酬，費九百餘元。鄰居日人久佐久吉來訪。久佐係台大教授也。

二月二十五日（火）晴　連日天晴，氣候轉暖，又著夾衣矣。早晨，琦兒不肯上學，鬧氣頗久。上午，女僕往購平價米未得，下午再往，買得十斤，計二百十二元，並代臺家、舒家、柯家各購若干斤。下午彝秉伴琦兒往共濟醫院診耳，並至魏家還款三千元。玖兒下午上幼稚園，四時我往接之。張基瑞君來說定省訓練團兼課事自本週木曜日起，每週二小時，講授中國現代史，有汽車接送。送郝君婚禮二百圓，託張君帶交。方師鐸夫婦來訪。李濱蓀兄遷居，晚間彝秉往訪，並將皮衣還去。

二月二十六日（水）晴　早晨到靜農處繕信二封，請陸校長即囑文學院事務室從中國文學及史學研究費中分別匯款與上海來薰閣書店。旋與靜農同至文學院事務室將談二函面交鄭君，囑其即持此函往請校長批示，以便早日匯款。上午十一時又與靜農同乘四路汽車往國際飯店參加郝君婚禮。同車往者有張基瑞、許世瑛及師範學院諸君。一時始舉行婚禮。二時入席，三時許飯畢而散。與靜農同至新台公司購一高瓶，費百五十元。又同往魏家小坐。留吃晚飯，飯後返寓。文學院事務室送來上午交去之原函，陸君在函末批云前有台幣六萬元匯上海來薰閣轉交魏建功先生，此次購書之款可從該款中扣除。混二款為一事，實屬糊塗之至。上午，彝秉伴琦兒到台大附屬醫院診耳。以林天賜醫生每週一三五在附屬醫院，二四六在省立台北醫院應診也。

二月二十七日（金）晴　上午九時，趙圖南君來，述渠日昨為大學工友毆打事，由於事務主任陳某之指揮，請主持正義，加以援助。適靜農來，趙又告以此事。我與靜農允即往晤校長，促其注意。旋與靜農同往校本部訪陸，坐候二小時始晤談。先將建功暨北平來薰閣來函，並寄各書書單示之，告以前匯建功之六萬元已經購書，不能抵作此次購書之用；渠始知彼之批示錯誤，允即按數匯款與上海來薰閣，惟匯款手續函為麻煩云。時已過午，我以下午有事，先退；靜農更與續談趙君被毆暨代購平價米事。下午一時，省訓練團教務處課務科科長李堯裕君乘汽車來接，遂即同車前往上課二小時，先講中國現代史引言，聽者二班，一為高級班，一為教育行政人員班，合共七八十人，聽講興趣尚濃。課後由李君介紹，晤其教育長韓逋仙君及教務處處長王敦善君，略談片刻，乘車返寓。下午，彝秉件琦兒往共濟醫院診耳疾。

二月二十八日（金）晴　上午九時，趙圖南君又來，仍請援助，尤其即訪總務長商談一切。趙去，乃往臺寓約靜農一同到校，適金祖同兄在，遂同往文學院將前在開明書店所購各書交事務室鄭君。繼與靜農往校本部晤陳世宏君略談趙君之事。返寓午飯。飯後洗澡。上午彝秉伴琦兒往台大附屬醫院診耳。今日又領得配給米十斤，費一百廿六元。下午二時許琦兒即與李家之小孩李啟夏同由附小回來（璇兒下午無課未到校）丟下書包，即與璇兒同往李家玩，不久回來，謂聞之李伯母云，街上有人打內地人，已打死二人，李伯母囑我等速即回家不可外出。初以小孩說話不清，未加理會。繼而鄰居許太太在窗外與彝秉閒談，亦謂因日昨專賣局查緝私煙，擊斃二人，引起民眾憤激，遂於今日下午大打外省人云。傍晚，靜農亦來，為渠於四時許，間步至師範學院附近，忽一不相識女子循彼何往，彼為往前面隨便走走，伊云不可去，去即被打死了！緣伊適從永樂町一帶回來，目見外省人之死傷為數甚多也。旋孫培良兄亦倉皇來靜農處，謂事態相當緊張云。

三月一日（土）晴　臺家女孩在國語會小學讀書，昨日未能回家，今晨始由該校派工護送乘小火車繞道返寓。謂日昨曾有暴徒到該校意圖打人云。裴君溥言日昨亦曾在太平町一帶遇見肇事之群眾，幸未被打，避到黃海冬君處過一宿，今晨回來，並往大學一行。謂女師校長任培道寓被搗毀，該校附小一教員被毆重傷。又謂在大學中見趙圖南被工友數人抓去，結果如何不得而知。學生有布告，大意謂軍人槍殺台灣同胞，我等愛台灣，愛中國，應趕快起來云。校長陸君昨未能返官舍，今日仍在校中云。又聞劉天予君亦被打。上午，彝秉往張基瑞寓內探聽消息。張寓有師範學院本省籍學生二人留寓保護。琦、璇兩兒自今日起不能上學。下午女僕抱玖兒往幼稚園，師生無一人在，遂回。晚八時，臺家忽有本省人（三人）來扣門，云為組織義勇隊事來募捐，靜農與以四百元而去。兩日來皆有打人之事，商店關門，交通阻滯。種種消息，難於盡記，且不知其真相究竟為何也。下午與靜農同訪鄰長黃安福君（亦台大同事），亦云今日仍有暴動，惟此一帶，皆為大學官舍區，相當安全，不致有何事變云。

三月二日（日）雨　上午，我往張基瑞君處打聽消息，見彼夫婦二人異常慌張，謂適有師範學院職員某君來言，事態擴大，昨夜延平街太平町一帶逐戶搜索內地人加以毆打，死傷已達數百人云。我聞此說，即返告靜農、培良，咸覺黯然！午刻，張君遣其學生送一字帖來，謂午前所聞，不甚正確，並謂事態確和緩，為之稍慰。午後，與靜農同往魏寓訪工學院長魏君，彼亦伏處家中二日，未敢外出，情形究竟為何，不得而知。今日未有報來。裴溥言君以其住處荒僻，寄宿寓內。傍晚，鄰長太太來收錢，備明日往區公所購平價米。

三月三日（月）雨　下午鄰長太太送還米款，謂無米可購。昨今兩日報紙皆送來，記事變經過較詳。裴小姐今晚仍宿寓內。三日來伏處寓內，只能與靜農來往，別無探聽消息之方法，悶極悶極！女僕下午回家。

三月四日（火）雨　早晨，女僕來上午，郝君敏昌來，述說較詳。下午，與靜農到李濱蓀處探聽消息。歸納各方所述，大致暴動之事已稍平靜，目下轉入要求自治問題。下午，遣女僕往魏家探看，據云一切尚好。今日鄰長來通知領購番薯乾，分得二斤半，每斤十一元。下午，公共汽車已照常行駛。裴小姐返宿舍息宿。下午，大學教務處送來課表，並通知自明日起照常上課。今日有報來。晚間在靜農處飲酒。

三月五日（水）晴　靜農大早往大學上課，並無學生，只文學院事務室內職員照常辦公云。上午，魏家遣乃姪來探視。金祖同兄來，閒談二小時而去。張基瑞君亦改著西裝來訪。一切情形表面似稍和緩，然內容究竟如何醞釀，將來結果如何，尚不可知也。靜農從文院帶回信札二件：一係台北市重慶南路一〇〇號人壽保險公司鄭傳詩君函，上海託朱道寧帶來之物存彼處，囑即往取；一係省訓練團聘約。聞台中、嘉義駐軍俱被繳械。連日託裴小姐之工人託購黑市米，俱未買到。下午，遣僕阿桂帶千二百元往萬華買米。五時許冒大雨而回，未能買得。給女僕工薪八百元。傍晚，裴君溥言送來代購食米十五斤，每斤三十六元。聞中央已調兵二師赴台，一由浙閩方面出發，一由廣東方面出發。專憑武力鎮壓，恐亦非上策也。

三月六日（木）晴　早晨到文學院上課，無學生，在事務室小坐而返。下午，省訓練團有課，但未派車來接。下午，裴君溥言代向大學領得員工臨時津貼四千元。今日又從鄰長處領購得米五斤，每斤二十一元二角。今日女僕阿桂生日，晚間吃炒米線，並邀靜農、培良同來飲酒。

三月七日（金）雨冷　竟日悶處寓內看書，時或到靜農處坐坐。午刻，郝君敏昌來，留此午飯，彼所敘述亦非確實消息。彝秉到濱蓀處一行，又借以千元。

三月八日（土）雨冷　連日大便出血甚劇，精神欠佳。上午大學有課，未往，其實亦無學生也。金祖同君來，及昨彼之鄰居及彼寓內，均被匪徒撞入，搶去衣服數事，尤以其鄰居之家，被取去皮箱一只，損失頗巨云。又謂據彼所知，事變前途，未可樂觀云。魏家遣至姪來問訊，謂建功已抵滬十日矣。上午，李華瓊君送來番薯六十斤，款由伊墊付。晚間，鄰長來通知領米，領得一斤半許，費三十七元五角。接岳父大人二月十二日手諭，俞友清兄二月廿二航函，蔣逸雪兄二月廿五日航函，上海陳濟川君二月廿二日航函。彝秉亦接扐妹由滬所發航函，暨張幼明夫人由川所發航函各一封。下午女僕回家。

三月九日（日）上午陰下午晴　昨夜十一時半，忽聞槍聲大作。歷半時許始止，時小孩皆已熟睡，我與彝秉驚惶萬狀；待槍聲稍息，始和衣而眠。今晨猶聞槍聲斷續也。上午十時，自來水忽斷，旋有軍人將置毒於蓄水池，故暫停水之說；下午又有水來，為之安心。竟日槍聲未斷，全市戒嚴，公共汽車停駛。近郊小火車亦不通，女僕未來。晚間家家滅燈，聲息全無，殆如死城也。裴君溥言，移來寓內住。並為我購來米線廿斤，每斤六十元。昨夜鄰居洪家有流彈穿門入室。我等為意外計，睡於壁櫥內，並以桌椅等物障於外圍，藉資防護。聞大學中本省人要求陸校長開會，實行改組並調整待遇，其事究竟為何，不得而知。

三月十日（月）晴大風　昨夜殊安靜，未聞槍聲，睡眠甚好。早晨大便亦未出血。陽光普照，天氣晴朗，尤覺舒適。大早，靜農來告，謂聞之劉天予君云，中央軍隊已到（據云有兵二師，又憲兵二團。）並已實行捕人，前夜與昨日之時放槍係示威作用云。此事大約可以結束。下午，彝秉聞鄰居許家云，大學駐兵一連。日間，靜農偶至附近購香煙，遇內地人數人，皆謂軍隊已到，莫不欣欣然有喜色！聞有少數參加自治運動之台人已在電台廣播，謂二二八事件處委會所提出國軍繳械等要求，有叛國嫌疑，彼等決不同意云。又聞多數領導人物皆已一鬨而散矣。

三月十一日（火）晴　有日無風，天氣晴和。據云昨晚電台官方廣播：軍隊之來係保護人民，毋庸驚恐。善良市民應各安居工作，在戒嚴期內，無事不必出門。已從事搜捕叛徒，望勿窩藏云云。又聞前為暴徒佔據之各機關，已恢復原狀，並有軍隊防護。今日外省人已能到處行走，而本省人則反斂跡，以全市各處俱有軍隊搜捕叛徒也。聞王添灯已被捕。

三月十二日（水）晴　今日為總理誕辰，全市懸旗。上午與靜農、基瑞同往濱蓀處，閒談片刻，李季谷、陳泮藻二君又來，聞知消息不少。出李寓後與靜農至和平東街小步，適遇農學院林君彼告予，林茂生亦被捕矣。下午，彝秉與濱蓀夫人同往女師附小訪龐左玉小姐，傍晚歸來，謂龐小姐於緊急之時，移入附近之一幼稚園內住，尚安全云。下午，孫培良兄自外間來，亦謂林某被捕，並悉陸志鴻尚往保釋，亦可謂糊塗之至矣。送番薯十餘斤與李家。

三月十三日（木）晴　連日天晴，氣候大暖。早晨送米線三斤餘與李家。上午十時許忽聞傳言，緊急戒嚴，不知何故。傍晚聞此次叛國事變之犯，此說不知確否。王添灯已被正法，緊急戒嚴或係此故也。午前，李華瓊、王汝聰、吳學瑤三生來，述及八日夜間情形至為可怕。據謂：二八日夜間王添灯等率暴徒千餘人到長官公署迫令長官立即移交，長官謂須請示中央，王等則謂非即交不可，否則生命堪虞。長官痛斥之。暴徒大譁，出武器圍攻公署後，時公署內只有機關槍數架，衛兵數人，乃與抵抗，以公署建築堅固，暴徒未得逞，退去。此即八日夜間槍聲大作也。暴徒離公署後，即劫奪台灣銀行等機關，而中山紀念堂尚在開會。下半夜，中央派遣之軍隊由基隆登陸，即駛台北，圍中山紀念堂，捕暴徒多人，以拒捕而擊斃者亦數十人云。九日晨遂即宣布戒嚴。若使中央軍隊遲到一日，則外省人之留居此間者將不堪設想矣。下午，與靜農同往張基瑞君處閒談，據謂台中之外省人所遭屠殺至慘至慘！連日以飛機運兵前往，亂事即可平定。聞台北市暴徒之被捕者已達千餘人。

三月十四日（金）晴　上午，大學發米，每人三斤。金祖同兄以渠所領之三斤贈我。今日市內公共汽車已開行。彝秉於上午搭車往人壽保險公司訪鄭傳詩君。晤到。鄭為米道寧之母舅。道寧則彝秉之大表兄之次子也，於上月中旬抵台，在中壢鎮造紙廠任技術員，到廠甫十日，即遇事變，幸未遭打，於本月七日回至台北。中央派白崇禧部長來台宣慰。下午，鄰長來通知領取配給麵粉，計費百元，取得麵粉一斤六角餘。

三月十五日（土）晴　上午，鄭傳詩、米道寧來訪，並送來滬上託帶之物。鋤地二方，種芹菜。女僕來。玄弟代購之原子筆帶到。日午，魏太太來，閒談數時而去。全家洗澡。女僕來，謂以木耳煨肉吃可以治大便出血，因即買木耳二兩，五十元，煨肉；晚間吃一頓。

三月十六日（日）陰　早晨，又吃木耳一碗，然大便仍復有血也。裴君溥言，代購食米十斤，每斤五十三元。裴君將行李取去，回宿舍住。日午，金祖同兄來訪。半月以來，心緒至為不寧。目下秩序已漸恢復，自明日起，應即開始治事。

三月十七日（月）上午陰下午晴　連日報紙皆載台大已照常上課，實際本省學生迄無一人到校，一時恐難上課也。郵局送來包裹單三紙，係北平寄來之書，計共九包。彝秉書就三函：一稟岳父大人，一示冰女，一寄彭道真先生。我亦繕一長函，附彝秉函內上岳父大人，報告台省事變經過。

三月十八日（火）晴　上午，彝秉率三孩往魏家玩，並順道訪晤龐小姐；下午四時始返。上午，吳守禮君來訪，王汝聰小姐來訪。下午，郝君夫婦來訪。寫信二封：一與二弟，述台省近事；一與上海來薰閣，告以書款已於日前匯出。日昨，白崇禧部長暨蔣公子經國來台，今日全市懸旗。

三月十九日（水）晴　上午，龐左玉小姐、金祖同兄先後來，留吃午飯。並邀靜農、培良二兄及裴小姐作陪後散去。

三月廿日（木）晴　報載國軍攻占延安，山東方面收復泰安。大學又發米四斤。北平來薰閣寄來之書取來。

三月廿一日（金）陰、大風　與蔡家瓊航單，與鏡弟航快俱於今日付郵。

三月廿二日（土）雨　自今日起正式戒煙。魏太太攜小四來玩，留此一日，傍晚始去。配給黃豆十斤，二百元。

大學通知廿六日正式上課。學生註冊報到限廿五日截止，逾期不到者取消學籍。上午與靜農同到校本部會議室參加文史科討論會。我於圖書館迄今未開放任學生閱覽，及文院圖書之迄今未整理就緒以資應用，深致不滿。午刻散會，推五人草擬辦法，我亦被推。接冰女函，略述坊中情狀，又謂父親大疥瘡復發，精神欠佳云。接岳父大人手諭，以近日台灣事變為念。函中並附來帳單一紙，截二月底止，存震夏處之款計八十五萬元（內有榴弟之款二十二萬餘元）。又晉江款已匯出，並交建功兄十一萬一千餘元。接張幼明兄函，謂女院還鄉費已發清，我又得三十三萬餘元，龔得五十八萬餘，合共匯滬九十萬八千四百十六元云。接張遵儉兄函，述近況。接蔡家瓊函。

三月廿三日（日）晴　竟日在寓內抄書。前住大學之軍隊，已撤去矣。

三月廿四日（月）晴　上午十時與靜農同往文學院舉行文史教學辦法討論會，五人共同擬一意見大綱，提供學校當局參考。前向上海所購各書，今日完全檢交文學院事務室，以清手續。卅六年一—三個月中國史學研究費，開單支配用途，交文學院事務室。玖兒自今日起又上幼稚園。抄錄朱希祖作《蕭梁舊史考》。接岳母大人三月廿一日航快，詢問是否平安。接方毅侯、張遵儉兩兄函俱詢近況。接王國璋自瀋陽來函，知在九十兵工廠服務。接王光漢兄自保定來函，知在河北農學院服務。接慰慈小姨母自成都來函。發三函：一復岳父大人航快，一復扐妹航單，一復冰女航單。下午，女僕回家。

三月廿五日（火）晴　琦、璇兩兒自今日起又往台師附小上學。玖兒因女僕今日未來，無人接送，未往幼稚園。金祖同兄來，謂龐小姐擬於本星期六乘機返滬云。下午，訓練團教務處處長王敦善君來訪，謂該團於事變期中尙平安，學員皆請假回家，故最近停課一月，自下週起將照常上課云。下午，在靜農處晤到劉天予君。劉受陳世宏君之託，與我接洽法學院講授中國外交史事，已應允，但須有報酬也。續錄《蕭梁舊史考》。

三月廿六日（水）晴　早晨，女僕來。自三月廿七日迄四月十二日，共十七日未記日記。茲將記憶之事，彙誌於左：近半月來，食米配給事，無形停頓，其間只領購番薯二次，一次五斤，一次卅斤，每斤三元五角。日昨領購平價米五斤，每斤廿三元。餘則由魏太太代買平價米廿斤，五百元。彝秉又曾在米店買米五十斤，每斤四十八元五角。此半月以來口糧之情形也。目下寓內尚存食米五十餘斤，勉強可以吃到月底。番薯米線等物皆已吃完矣。

四月四日（陰閏二月十三日）星期五為兒童節，上午三孩俱到學校參加遊藝會。下午，由彝秉率往魏家玩。傍晚，裴小姐送來點心二盒謂係王汝聰、李華瓊及彼三人合贈三小孩之兒童節禮云。四月五日（閏二月十四日）星期六，為清明節，女僕回家，次日來。台大本省學生原定三月廿六日（水）起開始上課。廿七日（木）上午，學生到法商學院聽白部長訓話，未上課；我有課二小時缺。廿九日（土），為革命先烈紀念日，放假，我又未上課。卅一日（月），又以白部長到校與日籍教授談話，未上課，我又缺二小時。直至四月三日（木），我之功課始得正式講授。本學期，文一、二兩班教材皆自漢武帝獨尊儒術講起。此兩班皆為本省學生，到者約有四分之三。

上期不及格及未考者，本週內補考，曾出補考題二次，並閱補考卷記分送教務處。四月一日又召集文史教員開會討論加強文史教學事宜，劉天予君所擬辦法通過。歷史每週加一小時，是我每週又須多任課二小時。又推我擬一年級通史講授大綱。又約我講演中國文化簡史。昨日上午，在文院上課，校長陸君，來文院相訪，請我在紀念週上為學生講中日外交史，自再下週起，繼續講數次；允之。建功兄於四月六日返台。次日上午彝秉往魏家，取得滬上帶來之物。下午課後，我亦往晤建功，晚飯後回。並取來乾酒一瓶。十一日下午，建功兄夫婦同來寓內，閒談半日而去。彼於去台留台問題主張暫且觀望一下再說。是日金祖同兄亦來，謂決即返滬，已向大學辭職云。建功代大學文院所購第二批書，計台幣六萬元，合法幣二百一十萬元，書籍皆已寄到，發票亦已開來，日內當即送交文院事務室。三月底，發三月份薪津，扣回事變時所發之四千元，又扣印花稅卅八元，領書延滯料五十四元，房租二百八十四元，實得四千三百七十六元。四月初，又發四月份薪津，扣印花稅卅八元，房租二百八十四元，實得九千〇七十八元。

自四月份起調整待遇，按薪水數乘二十八倍，生活津貼二千元。依此計算我較前多加三千八百元，每月薪津可得一萬三千二百元。一月至三月之學術研究補助費共法幣玖萬元，聞不日可發。又聞自四月份起又略增加：教授每月十五萬，副教授十二萬，講師九萬，助教六萬，皆較前增二倍也。職務薪給加成，已經核准，我得加給百分之四十，與靜農同。此款自十二月份起補發，計至四月份止，我可得台幣約二萬元，目前經濟狀況又較裕矣。前借各款，俱已還清，只欠魏太太台幣三千元。岳父大人來信，謂川中匯滬之款，為牟鶴取用四十萬元，餘數託震夏在放生息。四月十二日接冰女來函，謂已商之二弟，即函上海顧雲卿君由滬匯四五十萬元來台，以作路費，俾得全家早日返里。又謂父親大人之疥瘡較前稍好。坊中生意甚忙。龐左玉小姐曾贈所作畫花卉一幅，不甚佳。渠大約於四月三日（木）乘機返滬矣。彝秉前曾函蔡家瓊女士，託其遣人往掃伯胡之墓，並函鏡弟即匯二萬元到白沙蔡君處，以備掃墓之用。茲接蔡君來信，謂於三月下旬親率僕人至牛來崗掃墓，墓土尚高，可不添泥云。接于滿川、王生賢暨翁家小姨母函皆聞安全者也。園中土地，連日開闢，種苗下子，幾無隙地矣。今日午飯，吃雞飲酒。飯後小睡二小時。記。

四月三十日（水）舊曆三月初十晴　自四月十四日迄今，凡十七日，未記日記。自明日起仍應逐日記載，不可間斷。茲將此十數日間之事，就記憶所及者記之如次：中央政府改組，民社青年二黨參加政府。行政院長張群，各部長略有更動，分配青年黨二部。台灣省長官公署改省政府，主席魏道明、民廳長丘念台、財廳長嚴家淦、教廳長許恪士、建廳長楊家瑜，其餘各委員副廳長暨處長等皆有本省人，杜聰明亦為省府委員。自本月下旬起台幣與法幣之比率，改為一比四十。最近又遣送日僑，第一次在四月十八日，第二次在四月廿八日。日人在動身之前若干日又擺地攤售物，售價甚昂，除擇購畫片一、二百張外，未買他物也。領得十二月至三月四個月之職務加給百分之四十，每月三千七百六十元，四月份五千二百八十元，合共二萬〇三百廿元，扣印花六十一元，實得二萬〇二百五十九元。日昨又領得一—三個月學術研究補助費四千二百八十五元七角一分，扣印花十七元云，實得四千二百六十八元五角一分。按此次係照教授資格發給，每月五萬元，三個月共十五萬元，合台幣四千二百八十五元。文學院院長錢君歌川於本月下旬到校就職。每日下午招集文院同人舉行談話會，我曾提出數事請其注意。建功辭去中文系主任事。招生委員會開會，靜農與我俱被聘為招生委員，參加文院中文系、史學系、外文系俱招二年級插班生各十名。法學院政治系學生請我授中國外交史，允之；自上週起開始授課，每週四小時。最近兩次紀念週，由我講「八十年來之中國與日本」，下週仍須繼續一次，始得授畢也。文院研究室已分配，我得一間。二弟前有函來，知家鄉雖云平靜，實際仍須時時防匪；是返鄉久居之計又難實現矣。在接二弟之信前已發一信，囑其不必匯款。

四月廿三日發信多封：一寄天津張遵儉航平，一寄南京方毅侯航平，一寄揚州俞友清航平，一寄晉江龔詩蓀航單，一寄鎮江莊逸雪航平，一寄保家王光漢航平，一寄重慶于滿川航平。彝秉亦發數函，分寄瞿素紈、蔡家瓊、樊文瀾三君及其令妹孫冊小姐。大學發平價米二次，一次十五斤，一次卅斤，每斤卅元。區公所又配售平價米一次五斤。李濱蓀家送我食米約十斤。琦兒為診耳計，休學。璇兒逐日上學。琦兒逐日由彝秉伴之到台大附屬醫院診耳。近日耳鼻皆愈。日昨且在該院拔出蟲牙。玖兒近數日來氣管支炎又發。日昨請師範學院校醫厲君診治，今日服藥。今日結帳，二、三、四三個月共用四萬一千一百零六元，每月平均一萬三千七百零二元。此時寓內尚存現款一萬七千元。今日交孫培良兄二千元，託其買書。餘一萬五千元，備下月份家用。龐給之畫軸，轉贈林天賜醫師。建功代大學所購之書，連同發票送交文學院事務室。

五月一日（木）舊曆三月十一日晴　上午到文院上課二小時。課後與吳守禮君同往校本部訪陳世鴻君商談法學院課務，以任課之人散居各處，派車接送，亦多不便，決定原在文院後樓上課之政治系學生八人暫不遷往法商學院。午後乘訓練團交通車到該團上課二小時，四時許步行返寓。今日領得平價米十斤，每斤廿四元。女僕因病下午回家，給以工資千元（原為八百元，應於每月十日付）。領得訓練團四月份兼課八百元。彝秉上午伴琦兒往附屬醫院診耳。接岳父大人四月廿七日手諭。接張遵儉兄四月廿五日來函。